PERIODISTAS SIN MIEDO VII

NORMA ESTELA FERREYRA

ISBN 978-1-291-97488-1

Dedico este libro a la verdad

Verdades y Mentiras sobre Siria

Umberto Mazzei (especial para ARGENPRESS.info)

Thomas Lawrence (Lawrence de Arabia), 1916, sobre los árabes: "Manipulados adecuadamente formarán un mosaico político, un tejido de celosos y pequeños principados incapaces de cohesión".

Antecedentes

Por siglos vivieron los árabes en paz, sin conflictos religiosos, en comunidades semi autónomas llamadas Vilayets, bajo el Imperio Otomano. Esa paz garantizaba el transporte entre el Mediterráneo y la India y por eso Gran Bretaña apoyaba su integridad contra los intentos rusos de erosionar ese imperio por el norte. En 1869, con el Canal de Suez, el interés estratégico, se mudó hacia el sur árabe, y hacia Egipto concretamente.

El Kedive de Egipto, Ismail Pasha, se arruinó con proyectos financiados por los ingleses y vendió (1875) a Gran Bretaña, el control de la Compañía del Canal de Suez - con la Banca Rothschild como intermediaria-, durante el gobierno de Disraeli (1874 -1880). Luego los ingleses intervinieron las rentas egipcias y Egipto, pasó de vasallo otomano a vasallo inglés.

En 1916, durante la Primera Guerra Mundial, Gran Bretaña y Francia elaboraron el Acuerdo Sykes-Picot, donde se

7

repartían los árabes del Imperio Otomano. El acuerdo fue como los otros acuerdos franco-británicos en África: dividió con líneas artificiales a pueblos históricos y juntó a otros que tenían poco en común. El autor de esas nuevas fronteras fue Sir Mark Sykes, sin Georges Picot, porque sólo los británicos ocupaban militarmente la región.

Al final, Francia recibió a Siria amputada de Mosul, Jordania, Njed y Palestina, porque los ingleses inventaron tres reinos para sus aliados árabes contra los turcos. El de Jordania, de Iraq, con los vilayets de Basra (chiita), Bagdad (sunni) y Mosul (kurdo) y de Arabia. Jordania fue para el Sharif Hussein, Iraq para su hijo Faisal y Arabia para Ibn Saud, Es notable que cuando se propuso dar a Ibn Saud el de Iraq, Winston Churchill- Secretario de Colonias- dijo: "Ibn Saud hundiría toda la región en un pandemonio religioso."
Es que Ibn Saud venía del Nejd, donde Mohamad ibn al Wahhab, en el siglo XVIII, fundó una secta intolerante y primitiva, el wahabbismo, cuyos miembros son llamados Salafs. Esa es ahora la religión oficial de Arabia Saudita, Qatar y Bahrain.
Palestina quedó como Mandato Británico, para cumplir con las promesas hechas en la Declaración de Balfour (1917), una carta de Lord Arthur Balfour, Secretario de Relaciones Exteriores, dirigida a Lord Lionel Rothschild, Presidente de la Federación Sionista Británica.
Las monarquías absolutas árabes wahabbitas vieron, con pavor, como perdían sus tronos los reyes puestos por los ingleses: Faruk en Egipto, Idris en Libia, Faisal II en Iraq. En su lugar se establecían repúblicas laicas, que daban el mal ejemplo de distribuir sus ingresos económicos. Todo por culpa del partido Ba'ath Pan-Árabe, (renacimiento árabe) de tendencia nacionalista.
Al inicio del siglo XXI el mundo político árabe se dividía en repúblicas laicas y dictadores o monarquías teocráticas pro

americanas. La amenaza ideológica de países árabes modernos, llevó a Occidente a crear revueltas y pretextos para destruir los países laicos y su ejemplo.

Conferencia para la Paz en Siria - Ginebra II

Después de las mentiras para justificar los ataques de la OTAN a Iraq y Libia, ahora se busca un pretexto para atacar a Siria. Es del conocimiento público que los países de la OTAN, Israel y los monarcas del Golfo Pérsico apoyan al bando que busca derrocar con acciones militares y atentados al gobierno de Siria; al gobierno reconocido por los organismos internacionales. Es una clara ingerencia en los asuntos internos de un país soberano, prohibida por la carta de las Naciones Unidas y por el Derecho Internacional de los últimos dos siglos. Se trata de una agresión de mercenarios extranjeros pagados y armados por Arabia Saudita, Qatar, Estados Unidos, Gran Bretaña y Francia e introducidos con la complicidad de Turquía y Jordania. Los Estados Unidos dijeron que el uso de armas químicas por el gobierno sirio sería la "Raya Roja" que provocaría su intervención militar directa. Washington tiene una larga historia de falsos ataques para justificar sus guerras ante su crédula población. Por eso, ya sabíamos que se fabricaría un ataque con gas, contra civiles, y que sería atribuido al gobierno sirio. También que se llevaría el caso al Consejo de Seguridad alegando pruebas inexistentes. Sólo que esta vez, la mayoría de los miembros del Consejo de Seguridad, entre los cuales Rusia y China, se negaron a autorizar el ataque. Luego, el Parlamento inglés prohibió a su gobierno cualquier ataque contra Siria y era probable que el Congreso norteamericano negase el permiso para atacar, que esta vez si fue pedido. Con once barcos de guerra rusos y dos chinos cuidando la costa de Siria el ataque podía ser neutralizado, por violación de la carta de la ONU.

Fue así como Washington renunció al ataque, a cambio de que Siria entregase su arsenal químico, que en realidad era un disuasivo contra las armas atómicas de Israel. Luego pidió otra Conferencia de Paz. La estrategia anglosajona para conferencias internacionales es la de invitar a muchos países vasallos - México pero no Irán - para tener una mayoría, mientras la prensa difunde mentiras para convencer al público. Se trata de intimidar a Siria, aunque su gobierno gané victorias militares y diplomáticas, para lograr concesiones. Los sirios lo saben, como es obvio en el discurso de Walid al-Moallem su Ministro de Relaciones Exteriores.

La verdad vista desde Siria

Citaré algunos trozos del discurso del Canciller sirio en Montreux, pidiendo un fin al apoyo del terrorismo extranjero que destruye su país. "Es lamentable que entre nosotros están sentados representantes de países que tiene sangre de sirios en sus manos... Países que se dan a si mismos la autoridad de dar o quitar legitimidad a los otros, sin mirar a sus arcaicas casas de vidrio...Países que, sin vergüenza alguna, dictan clases sobre democracia, desarrollo y progreso, mientras se ahogan en su ignorancia y sus normas medievales. Países que se han acostumbrado a ser propiedad de reyes y príncipes que tienen el derecho de distribuir a su antojo la riqueza nacional".

"Han usado sus petrodólares para comprar armas, reclutar mercenarios y saturar las ondas para cubrir con mentiras su insensata brutalidad, bajo la guisa de una revolución siria que llenará las aspiraciones del pueblo sirio. Damas y caballeros ¿Cómo pueden unos terroristas chechenos, afganos, saudíes, turcos o hasta franceses e ingleses satisfacer las aspiraciones del pueblo sirio? Y con qué? ¿Con un Estado Islámico que del Islam sólo conoce el perverso Wahabbismo? ¿Quién dijo que el pueblo sirio quiere vivir en un pasado de miles de años?" "En el nombre de la revolución, se mata a niños en las escuelas y estudiantes en las universidades, las mujeres son violadas en nombre de Jihad...las mezquitas bombardeadas mientras los fieles rezan, se cortan cabezas que se cuelgan en las calles, gente es quemada viva en un verdadero holocausto.... Esto es lo que sus amos les ordenan, esos países que encabezan la guerra contra Siria, tratando de aumentar su influencia en la región con sobornos y dinero, exportando monstruos humanos empapados en la aberrante ideología wahabbi, todo ello a expensas de la sangre siria. Desde esta tribuna, claro y fuerte, y ustedes lo saben tan bien como yo, les digo que ellos no se pararán en Siria, aunque alguno sentado en esta sala rehúse reconocerlo y se crea inmune."

"Unos vecinos comenzaron los incendios en Siria, mientras otros reclutaban terroristas por todo el globo - y aquí estamos confrontados con la farsa y su doble rasero: 83 nacionalidades pelean en Siria- pero nadie denuncia eso, nadie lo condena, nadie reconsidera su posición, pero siguen hablando de una gloriosa revolución SIRIA. Pero cuando algunas decenas de jóvenes combatientes de la resistencia apoyaron al ejército sirio en algunos lugares, se desato el infierno y enseguida se denunció la ¡intervención extranjera! ...."Aquí lo afirmo, Siria es un estado soberano e independiente, que continuará a hacer lo que sea para defenderse, con los medios que considere necesarios, sin prestar la menor atención a los escándalos, denuncias, declaraciones o posiciones expresadas por otros...Nos impusieron sanciones para impedir nuestro alimento, nuestro pan y la leche de nuestros niños…Cuando esto falló, América amenazó con atacar a Siria, inventando con sus aliados, occidentales y árabes, un cuento sobre uso de armas químicas, que ni siquiera convenció su propio público, tanto menos el nuestro. Países que celebran la democracia y los derechos humanos escogen lamentablemente sólo el lenguaje de la sangre, la guerra, el colonialismo y la hegemonía. Se impone la democracia con fuego, la libertad con bombarderos y los derechos humanos matando humanos."

"Estamos aquí como representantes del pueblo sirio y del Estado, pero que sea claro para todos - y la experiencia lo prueba- que nadie tiene la autoridad para dar o quitar la legitimidad a un Presidente, a un gobierno, una constitución, a una ley o cualquier otra cosa en Siria, excepto los mismos sirios; este es su derecho constitucional y su deber"

Las mentiras de los "Amigos de Siria" y de su prensa

Las dudas comienzan con el reporte de una firma inglesa de abogados pagada por Qatar, que manda dinero y armas a los rebeldes de Siria. Allí presentan fotos de supuestas víctimas del gobierno sirio. El documento sale a la luz justo un día antes de la conferencia Ginebra II, sobre Siria. No aportan experticia alguna y sería raro que un gobierno fotografíe pruebas de torturas, pero Mr. Kerry ya se proclamó horrorizado y la prensa miente cuando presenta el documento como de una evidencia incuestionable. Una clara mentira es la de que la renuncia del Presidente sirio Bashar al-Assad fuera acordada como condición previa en el Comunicado de Ginebra (Ginebra I). El gobierno sirio acepto formar un gobierno de transición, para acabar la guerra y luego llamar a elecciones. El texto dice: "Un gobierno de transición puede incluir miembros del presente gobierno sirio y de la oposición y otros grupos y debe ser formado sobre la base del mutuo consentimiento". En ninguna parte dice que Assad debe dejar primero el poder. Pero la prensa dice que es así.

Otra mentira es la de que Estados Unidos respalda solo a milicias moderadas. No hay tal cosa. La narrativa de la prensa habla de rebeldes buenos - Frente Islámico- peleando con los malos de Al-Qaeda y del gobierno. De la boca del jefe del grupo más fuerte del Frente, Arahr al Sham, sabemos que su objetivo es imponer la Ley Sharia, encerrar las mujeres en sus casas, masacrar los herejes islámicos y expulsar a los cristianos. El jefe de Ahrar al Sham dice ser el autentico representante de Al-Qaeda en Siria. Nada de esto fue reportado por la prensa norteamericana o europea.

Conclusión: Es imposible que los Gobiernos Occidentales ignoren tantas verdades. Es probable que el objetivo sea destruir los países árabes modernos para rodear a Israel con "un tejido de celosos y pequeños principados incapaces de cohesión".

MIÉRCOLES, 29 DE ENERO DE 2014

India con la mayor población de analfabetos del mundo
PL

La India tiene 287 millones de adultos analfabetos, el 37 por ciento de la población mundial en esa situación, y dedica menos recursos que los aconsejables para educar a sus ciudadanos.

Según un informe de la Unesco que hoy reproducen medios

de prensa locales, entre los indios con recursos la alfabetización universal ya es un hecho, pero lo más pobres solo lo conseguirán hacia el 2080, cuando los Objetivos de Desarrollo del Milenio lo planteaban como una meta para el próximo año

La Organización de las Naciones Unidas para la Educación, la Ciencia y la Cultura lamenta que en la tercera economía de Asia la educación solo represente el 10,5 por ciento del gasto público total y el 3,3 por ciento Producto Interno Bruto, muy por debajo del seis por ciento que recomienda la institución.

Los objetivos post-2015 deben incluir un compromiso para garantizar que los grupos más desfavorecidos alcancen los puntos de referencia establecidos, indicó el reporte. Hizo notar, asimismo, que en la nación surasiática las asignaciones presupuestarias para la educación varían significativamente entre los estados.

Así, mientras en el de Kerala (sur) el gasto anual en educación por alumno es de unos 685 dólares, en los Bengala Occidental y Bihar (este) apenas llegan a 127 y 100 dólares, respectivamente.

La Unesco aconsejó a países como la India mejorar sus regímenes fiscales a fin de proporcionar más fondos para el sector de la educación.

Un sistema de impuestos que funcione bien permitiría a los gobiernos apoyar su sistema educativo. Países de ingresos medios como Egipto, India y Filipinas tienen un potencial mucho mayor para movilizar recursos nacionales a la educación a través de la mejora de los impuestos, señaló.

El camino sangriento de Estados Unidos hacia el fascismo: Ucrania, Siria y Libia

Enrique Muñoz Gamarra (especial para ARGENPRESS.info

Hay dos hechos que concitan actualmente la atención del mundo. El asunto de los fantoches de Maidan, en Kiev, Ucrania y, el auge de la resistencia antiimperialista en Libia. Esto ocurre en medio de los incesantes cambios ocurridos alrededor del mundo e inmerso en el ascenso fascista en los Estados Unidos.

En esto es muy importante la historia que nos retrotrae a unos años antes de la Segunda Guerra Mundial en el que los para militarismos eran vigentes, por ejemplo, los "camisas pardo" en Alemania, los "camisas negra en Italia, los "camisas Plateadas" en Estados Unidos (fundado el 30 de enero de 1933 por William Dudley Pelley), los "camisas azules" (Falange) en España, etc. En realidad, los primos hermanos de los "Maras" en El Salvador y los "Escorpiones" en la masacre de Srebrenica y, parientes directos de los Al Qaeda en Siria y libia y de los fantoches de Maidan en los recientes sucesos de Ucrania.

Preocupado en esto, escribí hace unos días a un amigo chileno, por sea caso no es por el asunto del diferendo marítimo, sino, por los incesantes cambios que vienen dándose últimamente en el mundo. Una situación que implosiona, en primer lugar, a las estadísticas, cuyos datos

15

ahora varían en periodos demasiados cortos (treinta o cuarenta días). Realmente asombroso. Y, no es para menos, estamos en lo más alto, en la cumbre de una coyuntura que lo hemos denominado como histórica, donde los cambios son perceptibles incluso directamente por la razón humana. El derrumbe de Estados Unidos (iba decir occidente, ahora ya no quiero hablar así, me auto critico por ello, fue una concesión ideológica muy grave), es prácticamente a ojos y oídos del mundo.

Y, a razón de esto, el gran dilema del grupo de poder de Washington es detener a cualquier costo este proceso incesante de cambios, lógicamente, por ser el más afectado y, consiguientemente, salir airoso de la gran crisis económica iniciada en 2008 y así permanecer siempre hegemónico en el ámbito internacional. ¿Y cómo salir? Una podría ser la destrucción, un idilio mío, del voluminosísimo capital ficticio (unos dicen, 1.500 billones de dólares, otros, 4.000 billones de dólares) en poder de los JP Morgan, Bank of América, Citigroup y Wachovia/Wells Fargo. Pero como estas burguesías son tan avarientas, no lo harán. Continuaran fuertemente aferradas a ellas. Cuánta razón tuvo Marx para decir: "En los anales de la historia real, lo que siempre predominó fue la conquista, la esclavización, el robo a mano armada...En rigor, los métodos de la acumulación primitiva son todo lo que se quiera, menos materia para un idilio" (1).

Entonces, en una situación así y agravadas aún más por su absoluta incapacidad por enfrentar militarmente a Rusia y China (ya Rusia le ha anticipado que no escatimara esfuerzos en defenderse con armamento nuclear si es que es atacado), entre otras, por la equiparación de fuerzas (China ahora es una potencia militar), trama, en un corto plazo, las provocaciones armadas por la vía de las guerras de baja intensidad contra todo país opuesto a su geo estrategia

(Ucrania, Siria, Irán, etc.) donde lo central es la destrucción de sus aparatos productivos y , por supuesto, la ocupación.

Por lo tanto, su orientación al fascismo está absolutamente allanada. En esto, es clave, como hemos dicho más arriba, las guerras de baja intensidad, en el que son determinantes sus ejércitos mercenarios de esencia paramilitar denominados como Al Qaeda, talibanes, Ejercito Libre Sirio (ELS), Al Nusra, Estado Islámico en Iraq y el Levante (ISIL). Han sido mostrados incluso como enemigos jurados, sólo con el objetivo de confundir a la opinión pública internacional. Sin olvidar que están distribuidos en casi todas las regiones del planeta, pero, siempre al mando de un Comando Conjunto de las Fuerzas Especiales del ejército estadounidense dirigidos por un selecto destacamento de la CIA, también de los Rangers, de igual modo de los Delta Force y los Navy SEALs. Por supuesto, un ejército casi regular, pero en esencia, paramilitar, nutridas por las barras bravas, por los destacamentos juveniles y por la tropa de famélicos que siguen a una reacción religiosa (anti-islámica y anti-católica) en casi todas las regiones del planeta, incluido Rusia y China, que en unos casos, aún está bajo cubierta, pero, en otras, han empezado a actuar abiertamente, como en Ucrania, Siria, Libia, etc.

Y, consiguientemente, las ambiciones de este grupo de poder (la de Washington) hacia los espacios geopolíticos, es muy grande. Es el sustento de su nueva orientación geopolítica, es decir, el fascismo, que, más temprano que tarde, así inevitablemente, lo conducirá a una gran confrontación con China y Rusia. Como sabemos, sobre esto, hay un millón de ejemplos en la historia universal.

Entonces, está claro, clarísimo, que la historia es muy importante. Y, es esta misma historia la que nos recuerda, ahora mismo, que desde el 03 de septiembre de 2013 el mundo está inmerso en la segunda fase de la coyuntura histórica iniciada en 2008, cuyas características son: transición hacia una nueva moneda de reserva internacional (inicio de la implosión del sistema dólar), equiparación de fuerzas, carrera armamentística y búsqueda de los espacios geopolíticos.

Así, la vía sangrienta de Estados Unidos hacia el fascismo para imponer su hegemonía mundial está graficada, por el momento, en lo siguiente: Primero, en el caso de Ucrania. Segundo, en el caso sirio, donde relucen a toda prueba las desesperanzas de este país (Estados Unidos), que trataron de imponer en Ginebra-II (Suiza) lo que no pudieron hacer en el campo de batalla. Tercero, la brutalidad con que estarían actuando junto a sus fuerzas mercenarias fascistas en Libia contra el digno levantamiento de las fuerzas anti imperialistas en el sur de este país. Y, Cuarto, Nubarrones de agresión contra la República Popular Democrática de Corea (RPDC). Hay que estar muy alertas en esto. Las mentes más lúcidas están en esa obligación. Definitivamente.

Finalmente, no quiero pasar por alto, unos apuntes muy serios que han circulado últimamente en las prensas internacionales sobre este tema. Puedo rescatar de ellas, los siguientes:

"Ucrania y el fascismo: Una amenaza en todo el continente europeo" de, Eric Draitser, publicado en varios portales, donde lo central es: "La situación de Ucrania es muy inquietante porque representa una conflagración política que fácilmente podría desgarrar el país menos de 25 años después de su independencia de la Unión Soviética. Sin embargo, existe otro aspecto igualmente inquietante respecto al ascenso del fascismo en ese país, que no está solo"

También: "Ucrania: la quimera de Europa" de Higinio Polo, publicado en Rebelión el 31 de enero de 2014, siempre muy bueno sus trabajos y en el que puedo destacar lo siguiente: "Washington quiere amarrar a Ucrania a una asociación con la Unión Europea, que le permitiría ejercer en Ucrania una influencia semejante a la que tiene en Polonia, y desactivar así el proyecto ruso de reconstrucción, que tiene otros escenarios de enfrentamiento con Estados Unidos en el Cáucaso y en Asia central. Por su parte, Bruselas sólo aspira, hoy, a ampliar territorios comerciales, sin que disponga de un serio proyecto estratégico para el Este de Europa. Moscú, lucha trabajosamente por superar la división que trajo la debacle gorbachoviana y la traición yeltsinista, consciente de que Occidente no renuncia a apoderarse de una parte del espacio que ocupó la Unión Soviética, y de que no ha renunciado a destruir la propia Rusia. El secretario general del Partido Comunista ruso, Ziugánov, denunciaba recientemente los cantos de sirena para desmembrar partes de Rusia, en Siberia, el Cáucaso, y en otras regiones, y no debe olvidarse que Brzezinski defendió recientemente, en la propia Rusia, la estrafalaria idea de que Siberia se separase del país y se integrase con Estados Unidos, supuestamente para asegurar el desarrollo y el bienestar de la población siberiana"

Y, por último, "Algunas reflexiones sobre la evolución de la situación en Ucrania", de Josafat S. Comin, publicado el 30 de enero de 2014 en su propio blog, donde hace un llamado a tomar en serio el asunto de Ucrania. Cierto, Josafat está muy preocupado. Y no es para menos. En Ucrania ya bulle el fascismo. Y Josafat, como un gran observador, el único sobre Oriente, lo siente: "El fascismo lleva dos meses desatado, amparado y espoleado por toda la reacción internacional, aterrorizando un país entero en el otro extremo de Europa y aquí seguimos callados. Miento. La semana pasada leía un tuit del diputado de IU, Alberto Garzón, donde recomendaba un artículo de "La Vanguardia", para aproximarse a la realidad ucraniana...Pues si es la sección de internacional de "La Vanguardia", nuestro referente a la hora de analizar la situación internacional, ya me quedo mucho más tranquilo. Ya hemos tenido ejemplos muy claros de congruencia política en los últimos años , a la hora de reaccionar ante escenarios similares, como el que se dio en Bielorrusia en las últimas presidenciales, donde los hermanos ideológicos de los que hoy han convertido Kiev en un campo de batalla, con fuego real, (financiados y animados por los mismos actores políticos, por cierto, solo que en aquella ocasión no tuvieron la osadía de aparecer públicamente, a lo McCain, para arengar a sus muchachos para que luchen "por la democracia hasta la victoria final". Por suerte Bielorrusia tiene un presidente digno y está lejos de convertirse en una triste colonia, como Ucrania), intentaron tomar al asalto la sede del Gobierno y de la JEC."

Pero veamos esto con algo de calma desde cinco ángulos:

1) Ante todo, en lo más profundo de estos cambios, la geo economía mundial.

Exacto, deslicémonos a lo más profundo de estos cambios. Esto es muy importante para no caer en el superficialísimo. Cierto, hay un gran movimiento de estructuras que se irradian desde los centros de poder económico estadounidense y avanzan en un sentido oscilante y de colisión con especial fuerza dirigidas contra las estructuras económicas que han empezado a brotar y hacerse fuertes, como ya lo son, en China, Rusia e India, inmersas en una situación de succión del poder económico europeo (no Unión Europea). Sabemos, entre otras, que la Unión Europea se estableció tras la captura de Europa Oriental (ex Bloque soviético) que había caído en 1991. Maastricht se firmó al año siguiente (1992). Y, observando esto, Estados Unidos, por un lado, y Rusia y China, por el otro, apuntan hacia esta región (Europa) el primero exacerbando sus espacios geopolíticos (autoritarismo) y los segundos asegurando sus espacios de integración (Alianzas). Esto es muy notorio, por ejemplo, en Oriente Medio y en general en la región del Mediterráneo. Se dice que allí se estaría gestando un nuevo poder económico, en contraposición al gran poder económico controlado por décadas por los Estados Unidos, sobre todo, ligado al gas y el petróleo, donde Irán, Rusia y China estarían jugando un gran papel. Cierto, no es para menos, es la mayor zona de reserva petrolífera del mundo.

Y, a continuación, una nota que Cubainformación dio cobertura, el 10 de enero de 2014: "China supera en 2013 a Estados Unidos como líder del comercio mundial". Una nota que ratificaba lo que Bloomberg ya había indicado en los primeros meses del 2013, en el sentido que China había superado en 2012 a Estados Unidos como nación comercial más importante del mundo. Para Cubainformación esto habría ocurrido recién en 2013. Bueno, el asunto fuera de discusión, es que China ya es el líder comercial del mundo. Entonces a principios de 2013, el apunte era: "La publicación considera a estos resultados un gran logro en el desafío de la nación asiática al dominio de Estados Unidos en el mercado global"…..Mientras que la suma de las importaciones y exportaciones de Estados Unidos en 2012 ascendió a 3,82 billones de dólares, según informó el Departamento de Comercio del país norteamericano, la administración de aduanas de China informó que el comercio total de su país alcanzó los 3,87 billones. China tuvo un superávit de 231.100 millones de dólares en el comercio anual, mientras que Estados Unidos tuvo un déficit de 727.900 millones…Para muchos países en todo el mundo, China se está convirtiendo rápidamente en el socio comercial bilateral más importante" (2).

Por esos mismos días también se tuvo conocimiento que China estaba posicionándose como primer importador mundial de petróleo y, consecuentemente, primer consumidor de energía, conforme a las mediciones hechas a corto plazo por la Agencia Internacional de Energía (AIE) y difundidas por AFP el 10 de diciembre de 2013. Sobre la AIE, no olvidemos que fue creada en los años setenta del siglo pasado cuando Estados Unidos quería castigar el boicot árabe de 1973 y hoy, se dice, es un apéndice de la OCDE.

De igual modo, una nota que salió a relucir en noviembre de 2013, dando cuenta que Rusia había alcanzado a los diez millones seiscientos diez mil barriles de extracción diaria del oro negro (petróleo), fue muy importante, es decir, había superado incluso a Arabia Saudita. El apunte en el que sustento esta afirmación es el siguiente: "En el año 2013, la esfera del gas y el petróleo rusos estableció un nuevo récord, en noviembre, el nivel de extracción diaria del oro negro alcanzó los diez millones seiscientos diez mil barriles. Esta es la cifra más significativa desde los tiempos del colapso de Unión Soviética. Esta dinámica permite esperar que, en el año 2014, la exportación de petróleo también crezca, al menos, es lo que supone el estratega principal del grupo financiero BKS, Maxim Shein" (3).

En diciembre de 2013, hubo otra nota sorprendente desde Bloomberg que daba cuenta, un dato que había filtrado la

"Organización de Servicios a las Transacciones Financieras SWIFT., y en el que se indicaba que el yuan chino estaba desbancado al euro como la segunda moneda más usada en el comercio internacional, es decir, la segunda divisa mundial después del dólar: "En concreto, según los datos de SWIFT, actualizados hasta el pasado octubre, el uso del yuan alcanzó en octubre una cuota de mercado del 8,66%, frente al 6,64% del euro, informa Bloomberg. Cifras muy distintas a las de enero de 2012, cuando el yuan tenía un 1,89% y el euro un 7,87%. Es un cambio definitivo, aunque el yuan sigue bastante lejos de amenazar el dominio del dólar, cuya cuota de mercado en octubre pasado fue del 81,08%, según los datos de SWIFT. Los que más usaron esta divisa fueron China -concretamente Hong Kong-, Singapur, Australia y Alemania. Los exportadores extranjeros usan el yuan más como una moneda de contrato para hacer más atractivos sus servicios y productos que venden a China", dijo Cynthia Wong del banco Societé General SA" (4).

A finales de diciembre de 2013 también circuló en las prensas internacionales una nota muy importante que justamente anunciaba que los representantes de la Bolsa de Singapur y de Hong Kong Hong (dos centros financieros dominantes de Asia) habían firmado un acuerdo (Memorándum de entendimiento para promover el uso de la divisa china) para desplegar un mayor número de productos financieros denominados en yuan. Veamos esto: "Se estima que tras la firma del acuerdo entre los jefes de las Bolsas de Hong Kong y Singapur, este incremento se acelerará aún más. Es viable que simultáneamente con la reducción de la cuota de mercado del dólar en el comercio internacional venga el final de los beneficios financieros de la moneda norteamericana. Pronto la mayoría de los productos financieros –petróleo, oro, bonos– podrían denominarse en la divisa china y entrar en la bolsa asiática, lo que acercaría el 'día del juicio final del dólar'. Y el reciente memorándum entre Hong Kong y Singapur es una de las piezas clave de este proceso" (5).

Y, a principios de este año (2014), China estaba expandiéndose fuertemente en reservas de oro, superando en el Ranking a Italia y Francia. El apunte en el que se sostiene esta afirmación es el siguiente: "…China ha anunciado que han ampliado sus reservas de oro en un 76%, convirtiéndose así en tercera reservas de oro más grandes del mundo. De acuerdo con el sistema de notificación voluntaria de FMI que supervisa las reservas internacionales de oro, las reservas de oro de China han aumentado desde las últimas tenencias reportados de 1054 toneladas en 2009, abril de 2710 toneladas en la actualidad" (6).

2) Y, sobre esta base, la carrera armamentística y las fricciones inter-imperialistas estaban ahondándose:

Estados Unidos:

Este país está en una constante innovación de sus equipos militares. En la primera quincena de agosto de 2013 la empresa estadounidense Titan Aerospace develó el prototipo de un "satélite atmosférico", en realidad un avión no tripulado que se alimentará de energía solar y podrá permanecer en el espacio hasta cinco años a una altura de 18 a 24 kilómetros" (7).

Asimismo el 28 de octubre de 2013 ha botado el más grande, caro e innovador destructor de su armada llamada "Zumwalt". El apunte es el siguiente: "En el acto no hubo bandas ni banderas. No hubo serpentinas, ni champán. El buque abandonó su dique sin pomposidad para entrar en las aguas del río Kennebec y permanecer allí amarrado hasta el final de su construcción. El Zumwalt es el primer buque sigiloso de su clase y el más grande y más caro destructor de la Marina de Estados Unidos jamás construido. Amy Lent, directora ejecutiva del Museo Marítimo, que estaba observando la botadura del buque desde la ventana de su oficina, dijo que está muy impresionada por el enorme tamaño del destructor, informa 'The Washington Post'...El Departamento de Defensa de Estados Unidos cerró los contratos de su construcción con las empresas Northrop Grumman y General Dynamics en 2008, por un enorme coste unitario de 2.800 millones de dólares (ahora el coste llega a 3.500 millones). En aquel entonces la Marina tenía previsto construir 32 destructores de esta clase. (8).

Luego en los primeros días de enero de 2014 el Pentágono anunció el éxito del noveno ensayo de vuelo del inédito drone, llamado "Triton". En realidad un avión no tripulado que abriría nuevas posibilidades en las tareas de espionaje. El apunte es el siguiente: "Hasta ahora, el Tritón ha completado vuelos de hasta 9,4 horas de duración a una altitud de más de 15.000 metros en las instalaciones del fabricante, en California (Estados Unidos). De acuerdo con Northrop Grumman, el Tritón podría abordar misiones de hasta 24 horas. El fabricante aseguró anteriormente que el Tritón había demostrado la resistencia estructural de sus alas –una capacidad clave que permitirá a la aeronave descender desde importantes altitudes para realizar una identificación positiva de los objetivos durante las misiones de vigilancia– incluso cuando fue sometida a una carga que superaba en un 22% los requisitos de la Armada norteamericana" (9).

Además:

A mediados de diciembre de 2013 la ampliación de su Quinta Flota en la base naval de Bahréin de una enorme importancia militar para este país por su ubicación estratégica en sus operaciones navales en el Golfo Pérsico, el mar Rojo, el mar Arábigo, y la costa este de África. "El mencionado plan de expansión de Washington se produce, mientras que la Administración Obama ha tratado de mostrar a sus aliados regionales que su presencia militar creciente en Asia no significa dejar de lado la región de Oriente Medio. La semana pasada, durante una visita, el secretario de Defensa de Estados Unidos, Chuck Hagel, aseguró que Estados Unidos, no abandonaría la región de Oriente Medio" (10).

Por otra parte ya casi a finales de diciembre de 2013 Estados Unidos había decidido que sus aviones, en este caso, cazas F15 Eagle, empezarían a patrullar el espacio aéreo de los países bálticos, es decir, lo que corresponde a Estonia, Letonia y Lituania" (11).

El 27 de enero de 2014 OTAN, el secretario general de la OTAN, Anders Fogh Rasmussen, en un tono agresivo dijo: "En septiembre nos reuniremos en Gales (Inglaterra) para dar forma a la futura OTAN, una alianza robusta, reequilibrada y lista para brindar seguridad a la siguiente generación". (12). Ante esto la interrogante que ha quedado flotando es la siguiente: ¿Llevaran a Ucrania, y otros países a su redil y a Turquía a la Unión Europea?

Finalmente el 29 de enero de 2014 se supo que el presidente estadounidense, Barack Obama, había convocado para agosto de este año (2014) a una cumbre con 47 países de África denominada cumbre "Estados Unidos-África". Según algunas notas a esta cumbre no asistirían Egipto, Sudán y Zimbabue. (13).

China:

El 09 de enero de 2014 hemos hecho público el siguiente artículo: "Gran salto militar chino" en el que acentuábamos: "...ahora China ya está encarrilado en un importante ascenso militar: Veamos esto desde tres posicionamientos: el sistema de navegación, arma anti satelital y su triada nuclear (Misiles atómicos, bombarderos estratégicos y submarinos nucleares con misiles balísticos)".

Ese mismo día (09 de enero de 2014) Estados Unidos estaba siendo remecido, sus prensas enmudecieron, pues, ese día el ejército chino (EPL) había probado con éxito el misil hipersónico WU-14 que se desplaza a una altura relativamente baja y rasante y con una velocidad récord que se estima en 10 veces la velocidad del sonido, es decir más de 12.000 kms por hora (Estados Unidos tiene un aparato semejante pero con menos velocidad), capaces de penetrar en los sistemas de defensa de misiles de este país (Estados Unidos) y capaces de transportar cabezas nucleares. Fue una situación algo parecida a lo que ocurrió el 04 de octubre de 1957 cuando la URSS envío al espacio el Sputnik 1 el primer satélite artificial de la historia. Con la prueba exitosa de este misil hipersónico WU-14 China pasaba a establecer su hegemonía ofensiva en el campo de los misiles e incluso por delante de los Estados Unidos. Veamos el apunte internacional: "La preocupación del Pentágono radicaría en que, según los expertos, este tipo de misiles tendrían la capacidad de invalidar toda tecnología de detección e interceptación antimisiles de Estados Unidos, estableciendo una hegemonía ofensiva. Mientras tanto, China continúa su decidido progreso militar, con la reciente puesta en servicio de un portaaviones, buques de asalto anfibio, cazas invisibles a los radares, aviones no tripulados y un sofisticado programa espacial" (14).

Cierto, desde el 09 de enero de 2014 hubo importantes notas que indicaban el ascenso militar chino. Así por ejemplo entre el 10 y el 17 de enero de 2014, China mostró al mundo sobre todo a Estados Unidos, en una prueba de tanques, la nueva modificación de su principal carro de combate, clasificada como Tipo-99G y codificado como ZTZ99G, consistente en su capacidad para atravesar el blindaje de los modernos carros estadounidenses. La nota internacional fue indicada de la siguiente forma: "Los informes citados por el portal Army Recognition señalan que el tanque, también codificado como ZTZ99G, participó en los ejercicios militares que se llevaron a cabo cerca de la frontera con Corea del Norte entre el 10 y el 17 de diciembre pasado. Esta es la primera demostración oficial del tanque desde que se dio a conocer el proyecto en 2008" (15).

Rusia:

A finales de diciembre de 2013 la armada rusa incorporó oficialmente el primer submarino nuclear Severodvinsk de ataque del proyecto 885 clase Yasen. El submarino había abandonado los astilleros en junio de 2010. El apunte internacional dice lo siguiente: "La nueva flota submarina rusa contará con ocho submarinos clase Yasen, cada uno de los cuales está equipado con 24 misiles de crucero de largo alcance Granat con una cabeza de 200 kilotones. Debido a sus características técnicas, el nuevo submarino es imposible de detectar en el océano, lo que convierte al Severodvinsk prácticamente en invulnerable para los sistemas antisubmarinos más avanzados, puede leerse en el periódico británico. Estados Unidos se muestra preocupado por la aparición del nuevo submarino ruso. No sabemos ni la mitad de lo que hay a bordo del Severodvinsk, dijo una fuente de los servicios de inteligencia a 'The Sunday Times" (16).

Luego en la segunda semana de enero de 2014 el presidente de Rusia, Vladimir Putin, advirtió que el complejo militar-industrial de Rusia iba continuar desarrollando de manera prioritaria la 'tríada nuclear' nacional que incluye misiles en tierra, municiones transportadas por aviones de largo alcance y submarinos nucleares. El apunte en el que se sostiene esta información es el siguiente: "Entre otras prioridades de la ciencia y la industria de la defensa el presidente Putin destacó el desarrollo de nuevos sistemas de comunicación, así como de inteligencia técnica, tecnología espacial y armas modernas de precisión. Además, no se puede olvidar el incremento de la Fuerza Aérea y la Armada, y es necesario prestar atención a investigaciones fundamentales aplicadas al campo de la ciencia de los materiales, concluyó el líder del Estado ruso" (17).

Antes en los primeros días de enero de 2014 hubo unas notas preocupantes para el grupo de poder de Washington, pues, en una posición sin precedentes el presidente de Rusia, Vladimir Putin, calificó de terrorista al régimen de Arabia Saudita: "los atentados suicidas de Volvogrado son idénticos a los que se cometen habitualmente en Iraq, en Siria o en el Líbano. Para identificar a los autores criminales de estos atentados no hay necesidad de más tiempo y Rusia responderá a estos ataques muy pronto. Nuestra respuesta será de tal envergadura que cambiará la situación en Oriente Medio", afirmó. (18).

India:

India ha empezado a reforzar sus sistemas de defensa y ataque. Últimamente las notas internacionales a este respecto han sido continuas. El último dato que tengo en mi poder da cuenta que habría realizado con éxito la cuarta prueba en los últimos seis meses del misil balístico de corto alcance Prithvi-2, exactamente de 350 Kilómetros y efectuada desde una base militar ubicado en el estado oriental de Orissa.

3) Paramilitarismo (Al Qaeda), esencia de las guerras de baja intensidad e instrumento principal del ascenso fascista en Estados Unidos.

Unas notas que enardecen el alma:

Confieso que unos minutos antes estuve viendo la película "Octubre" de Dergei Eisenstein (1928) donde pueden observarse cómo las masas en su ascenso revolucionario derrumban las estatuas de los zares ubicadas en los entornos del palacio Smolny donde en la madrugada del 25 de octubre de 1917 el II congreso de los Soviet nombraba presidente del Consejo de Comisarios del Pueblo al gran e inmortal Lenin.

El domingo 08 de diciembre de 2013, fue derribada por un grupo de ignaros fascistas la estatua a Lenin de su pedestal, ubicado en la plaza Bessarabskaya, cerca de la calle Kreschatik en Kiev, Ucrania. Las apestosas prensas estadounidenses (ya no quiero hablar más de occidente, me auto critico por ello, pues, sólo han servido para encubrir las fechorías del grupo de poder de Washington) del 1% de la población mundial que controla el mundo hacían gala de tremenda ignominia. Pero en lo general, los 6 billones de almas proletarias (si, 6 billones) del planeta estaban muy dolidos.

Y, en estos últimos días, hay incluso una cronología "minuto a minuto" de lo ocurre en Maidan (plaza principal de Kiev-Ucrania). El asunto está muy grave que dejo en la palabra a Josafat S. Comin, lo que ocurre allí: "El peor de los escenarios ya comienza a tomar forma y las palabras "guerra civil" aparecen en la mayoría de análisis de medios rusos y ucranianos. La triada de la muerte, de la sumisión a occidente, los Yatseniuk, Klichko, Tiagnibok, dan la impresión de haber perdido el control sobre sus niñatos fascistas, a los que parece que poco importa lo que estos tres negocien con un gobierno (cada vez más débil e incapaz de imponer su legitimidad) y las concesiones o cuotas de poder que puedan conseguir, mientras terminan de reunir a sus huestes para el asalto final, formalizando su golpe de Estado mediante unas presidenciales anticipadas. La gente dispuesta a pararle los pies al nacionalismo ultraderechista ucraniano, empieza también a organizarse. Cientos de mineros de la cuenca del Donbass, formaron un cordón de seguridad en torno de la sede del gobierno regional en Donetsk. Escenarios similares se están repitiendo en numerosas ciudades. Los llamamientos que hace el PCU a mantener la calma, no caer en provocaciones y no convertirse en carne de cañón en las disputas por el poder entre los dos clanes oligárquicos, parecen caer en saco roto. Mientras, los pacíficos "eurointegristas" de Maidán están hoy mismo, 30 de enero, haciendo un llamamiento a filas, a alistarse en la "guardia nacional". Creo que no hace falta ser politólogo para ver hacia donde nos lleva esto" (19).

Entonces, el grupo de poder de Washington aprendió de la centuria de sus derrotas, pero, es la negra política de enfrentar masas contra masas, que la revolución vietnamita la sepulto en 1975

Para empezar un apunte certero sobre Oriente Medio:

Primero, Oriente Medio es el reservorio más grande de la energía mundial. Cierto, el sistema de producción capitalista que a finales del siglo XIX desembocó en el imperialismo, tras la Segunda Revolución Industrial, se dio cuenta que el petróleo era la base de su encumbramiento definitivo. Y, desde entonces Oriente Medio ha sido valiosísimo para cualquier grupo imperialista.

Segundo, la burguesía financiera que emergió de aquel proceso (encumbramiento del capitalismo a su segunda fase) se dio cuenta también que sus amados ancestros, esclavistas y feudales, habían manejado de forma magistral el oscurantismo religioso y, en su estrechez mental, propia de aquellos siglos, habían localizado a esta región (Palestina) el centro de uno de sus más letales elucubraciones ideológica-religiosas de orden monoteísta denominada como cristianismo.

Tercero, Israel, en Medio Oriente, es punta de lanza del imperialismo estadounidense contra los pueblos árabes. En concreto es colonia estadounidense. Es absolutamente falso, como dicen algunos, que lobbies judíos manejan la política exterior estadounidense. Es lo más ridículo que oí en mi vida de analista internacional. Oficialmente se sabe que Israel es el primer receptor de "ayuda" militar estadounidense. Son 3.000 millones de dólares, y quizás algo más, que anualmente recibe este país del Pentágono.

Este es un país que está especializado en almacenamiento de armamento nuclear.

Grave crisis ideológica del capitalismo: ¿Yihadismo nuevo paradigma ideológico fascista tras el descalabro de la teoría anticomunista "globalización?:

La crisis económica conduce a una crisis política y de allí no está muy lejos la crisis ideológica. Desde 2008 el sistema imperialista está en grave crisis. El mundo lo siente en carne propia. La crisis económica es colosal. En Estados Unidos el sector servicios adelanta a la producción industrial. En Europa y Estados Unidos no hay crecimiento económico. Hay abarrotamiento de mercancías. En China los puertos están abarrotados de container. Los capitalistas prefieren botar a la basura una gran cantidad de alimentos. En definitiva los estados de bienestar social han entrado en un proceso de colapso.

La llamada teoría de globalización que en los años ochenta exigía a todos la reingeniería ahora es un fracaso. La televisión, radios y prensas escritas filtran estereotipos que incitan a la violencia, esparciendo motivaciones sin escrúpulos en la conducta humana. Los medios no se cansan en mostrar, sin tapujos, degollamientos de personas efectuadas por Al Qaeda bajo dirección de los destacamentos especiales del ejército estadounidense en Oriente Medio. Realmente la cultura capitalista está quebrada.

Hay una ofensiva imperialista en el mundo. El Pentágono está a la cabeza de esta situación. La reacción religiosa anti-Islam y anticatólica fabricada en sus laboratorios recorre el mundo. Hoy esto está compaginado con el derrotero fascista en Estados Unidos.

La reacción anti-Islan emerge de la religión Islámica, ni más ni menos, de su deformación y manipulación. Su radio de acción está centrada en Oriente Medio y Asia Central. Cierto la religión islámica y la reacción religiosa anti-Islam no son una y la misma cosa. Ojo, con ello. Por el momento los pueblos musulmanes siguen viviendo con su religión islámica. Eso es algo incuestionable. Por supuesto. Además, es de advertir que los pueblos musulmanes y árabes son como los latinoamericanos, fervientemente pacíficos. Son pueblos que a lo largo de la historia han luchado contra la opresión imperialista. Tienen una larga data de luchas y sacrificios. Con la excepción que en Oriente Medio está localizada la mayor reserva petrolera del planeta.

Desde los años 80 del siglo pasado Estados Unidos invirtió miles de millones de dólares en actividades criminales y por medio de la CIA este país estuvo directamente implicado en atentados terroristas que luego atribuían a los musulmanes. Al Zawahiri era el brazo derecho de Osama Bin Laden que era el jefe de operaciones en los Balcanes. Ambos actuaban a órdenes de la CIA.

Afganistán y los inicios del paramilitarismo:

El 17 de julio de 1973 el monarca Mohamed Zahir Shah que había reinado desde 1933 fue derrocado por su primo y cuñado, Sardar Mohamed Daud. Este proclama la República. Pero el 27 de abril de 1978 hay golpe de estado por un grupo de oficiales del ejército afgano encabezados por Nur Mohamed Taraki con vínculos con la ex URSS. Este, a su vez, el 16 de septiembre de 1979, también es depuesto y muerto en otro golpe de estado promovido por Hafuzula Amin a favor de Estados Unidos. Tras la cual se produce, el 27 de diciembre de ese mismo año (1979), la intervención armada de la ex URSS sobre este país que impone a Babrak Karmal en el poder. Y el 04 de mayo de 1986 es reemplazado por Mohamed Najubula.

Ante esto los Estados Unidos reaccionaron creando y armando a los llamados muyahidines en confabulación con Pakistán y Arabia Saudita, en el que incluso, se dice, habría participado China que en esas circunstancias tenia profundas divergencias ideológicas en el plano internacional con la dirigencia de la ex URSS. La india no participaba en todo esto porque según, las fuentes estadounidenses, estos estaban fuertemente ligados a la ex URSS.

Antes, en 1988 ya había una intensa propaganda desde las prensas occidentales por Osama Bin Laden, un misterioso personaje ligado a la CIA y la familia Bush por el asunto del petróleo, mostrándose al mundo entero como si fuera una especie de Robin Hood que estaría luchando contra los Estados Unidos. Y, desde entonces hubo toda una ofensiva informativa imperialista haciendo ver a sus mercenarios como si fueran fuerzas antiimperialistas. Todas las prensas estadounidenses la observaban así.

Así fue como exacerbaron en extremo las luchas contra la ocupación de la ex Unión Soviética. En 1989 se retiran estas fuerzas de Afganistán agobiados por múltiples problemas. De 1989 hasta 1992 hay resistencia de lo que quedaba del régimen pro-soviético (Najibula) contra la ofensiva norteamericana que a través de los muyahidines actuaba.

De 1992 a 1996 hay metamorfosis de estos Muyahidines que se transforman en Talibanes. En esto se dice que el Mulá Omar habría participado como su líder máximo en representación de los servicios secretos de Estados Unidos. Mientras Osama Bin Laden pasa a un segundo plano a conveniencia de la política exterior de los Estados Unidos. Pero lo cierto es que en todo este periodo hay una gran ofensiva reaccionaria contra el pueblo afgano. Los movimientos progresistas son arrasados sin misericordia alguna. Casi todas las dirigencias de los sectores progresistas son ejecutadas y la población resistente completamente desarmada y diezmada. La ferocidad de los talibanes es muy dura. La dirección y el apoyo logístico de las fuerzas norteamericanas es clave en todas estas operaciones. Controlan el poder bajo los auspicios y las armas de los Estados Unidos desde 1996 hasta el 2001.

11 de septiembre de 2001, inicio de la ascensión del militarismo estadounidense, apuntado hacia Rusia y China:

Cierto, con el auto atentado en las Torres Gemelas, el 11 de septiembre de 2001, Estados Unidos pasó, así de forma decidida, a un mayor protagonismo en esta región. Entonces Osama Bin Laden y las organizaciones paramilitares (Al Qaeda y talibanes) pre-fabricadas en los laboratorios del Pentágono, pasan a ser, así de un momento a otro, en los criminales más buscados por la INTERPOL. Curioso, pero fue así, como el islamismo yihadista o integrista se volvió primordial en el mundo. A las pocas semanas, justamente, el 07 de octubre de 2001 se inicia la "Operación Libertad Duradera" que lleva a la ocupación de Afganistán. El 05 de diciembre de 2001 la Conferencia de Bonn (Alemania) elige al representante oficial del ex rey Mohamed Zahir Shah, Hamid Karzai como presidente del "Consejo Interino", que es el que hasta ahora preside el gobierno de este país. Y, desde ese momento el asunto del islamismo politizado es acentuado fuertemente.

En realidad desde mucho antes ya había en el proyecto estadounidense la visión del control de los aparatos ilegales de los Estados que estaban bajo su férula. Y, así aparecieron las organizaciones paramilitares y los escuadrones de la muerte como auxiliares en las confrontaciones armadas. En las prensas estadounidenses era una regla de oro la exigencia de mostrar a Al Qaeda y los Talibanes como organizaciones anti-estadounidenses. Posteriormente tras la caída del "Muro de Berlín" este punto de vista se vio consolidado con el traspaso de la visión anticomunista a una visión anti-islamista que hasta hoy se cumple de acuerdo a las necesidades de dominio mundial de los Estados Unidos. Entonces la aparición de este tipo de organizaciones se inscribe bajo estas metas y objetivos trazados por el pentágono. Hoy es un gran instrumento de confusión en la lucha que sostiene el pueblo afgano contra las fuerzas de ocupación.

¿Y cómo surgió esto?: un breve resumen del ascenso fascista en Estados Unidos:

En primer término hay que ser muy claros en afirmar que el fascismo estadounidense se impone y avanza en medio de una importante ofensiva militarista iniciado tras el auto atentado a las torres gemelas (11 de septiembre de 2001), pero, se concreta, como tal, a finales de 2010 en el curso de sus operaciones militares en Oriente Medio ("Primavera Árabe") en el que el primer escalón fue la ocupación de Libia.

Tres antecedentes:

Primero, la guerra de desgaste de Irán-Irak urdida por los Estados Unidos y desatada entre el 16 de septiembre de 1980 y el 22 de septiembre de 1988.

Segundo, la caída de la ex URSS en 1991.

Y, tercero, el desmembramiento de Yugoslavia (balcanización) que concluyó con los bombardeos criminales de la OTAN contra Belgrado del 24 de Marzo al 10 de junio de 1999 (aquí participaron más de 1000 aviones de guerra, se usaron los mortíferos misiles de crucero Tomahawks, asimismo, bombas de grafito contra el suministro eléctrico y se realizaron 38,000 operaciones de combate contra un pueblo inerme e indefenso que la Unión Europea permitió cobardemente).

Dos fases, en pleno proceso:

Primera fase:

En concreto esta fase se inicia con el auto atentado a las "Torres gemelas" el 11 de septiembre de 2001. Ese mismo año (2001) hay invasión de Afganistán y en 2003 la ocupación de Irak. La fase se cierra en los primeros meses de 2010.

Aquí algunos hechos importantes:

Primero, el contragolpe exitoso (33 días de guerra) en agosto de 2006 del Movimiento de Resistencia Hezbollah y el pueblo libanés contra la agresión israelí y que pulverizó, para siempre, el mito sionista (se dice que aquí las fuerzas de resistencia habrían utilizado misiles anti-tanque de fabricación rusa, aunque Sayyed Nasralá, haya dicho: "Las más importantes armas con las que luchamos durante la Guerra de Julio provenían de Siria").

Segundo, el vibrante discurso del presidente ruso, Vladimir Putin, en Munich (Alemania) el año 2007 que denunció la prepotencia estadounidense, sobre todo, su escandaloso avance hacia oriente.

Y, tercero, la humillación sin precedentes de las fuerzas agresoras de la OTAN-Estados Unidos-UE por parte de las fuerzas armadas de Rusia en Georgia entre el 8 y el 12 de agosto de 2008. Fue tan contundente la respuesta rusa que en solo 5 días arrojaron a las fuerzas agresores que alegremente habían ingresado a Tsjinvali capital de Osetia del Sur ocasionando graves genocidios contra su población civil.

Pero, en lo fundamental, esta fase está caracterizada, de una parte, por la expansión de la OTAN hacia el Este de Europa, con graves peligros de intervención sobre Asia Central y el Cáucaso y, por la otra, en la concreción de la Organización de Cooperación de Shangai (2001) que dio lugar a una importante alianza estratégica militar entre Rusia y China.

Segunda fase:

Esta fase corre desde finales de 2010 hasta la actualidad. Es una fase muy sangrienta, con monstruosos genocidios, realmente atroz, sobre todo, en Libia y Siria. A esto se suma lo que ahora ocurre en Ucrania. Sin olvidar que hay uso indiscriminado de los asesinos predator en Pakistán, Yemen, Afganistán, etc.

Aquí quisiera señalar, muy apretadamente, algunos hechos espeluznantes que Al Qaeda (una sección del ejército estadounidense) efectuaron en Libia y Siria:

Primero, el caso del asesinato del líder libio, coronel Muammar al-Gadafi, el 20 de octubre de 2011. Sobre esto fui muy enfático en el artículo: "El eje militarista acentúa la presión sobre países débiles y tensiona fuertemente contra Rusia y China", publicado en noviembre de ese mismo año (2011). Entonces acentúe la carcajada de Hillary Clinton, "Guau, llegamos, vimos y murió", cuando se enteró que el cuerpo sin vida del líder libio, Muammar al-Gadafi, había sido depositado en un frigorífico de un centro de abastos de Misrata después de haber sido capturado en Sirte.

Segundo, lo sucedido el domingo 12 de mayo de 2013, en la ciudad de Homs, oeste de Siria, en el que, Abu Sakkar, mercenario del Pentágono (debidamente identificado por Human Rights Watch), uno de los fundadores de la Brigada Faruk, arrancaba el corazón de un soldado sirio muerto y trataba de engullírselo. Fue nítidamente observado desde un vídeo colgado vía internet. "(+18) Terrorista sirio saca y come el corazón de un soldado". Nota publicada el 14 de mayo de 2013, en: Diario Octubre).

Tercero, luego, hay una infinidad de hechos espeluznantes que han ocurrido en esta región (Oriente Medio). En Siria estos hechos han ido desde ataques a barrios enteros, destrucción de iglesias cristianas, incluso mezquitas, matanza de niños, etc. Sin olvidar que esto también se vuelve normal, por no decir habitual, en la otras regiones del planeta (India, Colombia, etc.), con ataques letales, genocidio manifiesto y asesinato deliberado de jefes

40

guerrilleros. También hubo ametrallamiento, así sin contemplaciones de ninguna clase, de manifestantes en Egipto que se dicen ha cobrado la vida de casi un millar de personas. Al parecer la consigna del fascismo estadounidense es mostrar al mundo entero su ferocidad para facilitar sus operaciones militares futuras y amedrentar la lucha revolucionaria de los pueblos. Finalmente

Ubicación de la nueva coyuntura histórica:

En 2008 se inició la nueva coyuntura histórica. Desde el 03 de septiembre de 2013 hemos ingresado a la segunda fase de esta coyuntura. Desde esa fecha hasta la actualidad el ascenso fascista en Estados Unidos cada vez se hace más claro. Ya las mentes más lúcidas la están comentando. Eso es muy importante. Pero también la ofensiva fascista es cruenta. Veamos:

Por ejemplo aún está pendiente la denuncia que hicimos sobre la matanza de niños que al estilo nazi desataron las fuerzas fascistas estadounidenses disfrazados como Al Qaeda en Siria antes del 21 de agosto de 2013 bajo dirección del Comité Clandestino de la CIA y el Comando Conjunto de Fuerzas Especiales (JSOC) estadounidense, en el norte de este país, aldea tras aldea, para luego ser presentados en Ghuotta y mostrados ese día (21 de agosto de 2013) a la prensa internacional como "prueba" para criminalizar al presidente sirio, Bashar al-Assad. Realmente macabro y fascista, sólo comparable a los crematorios de Auschwitz que dirigían los SS alemanes en la Segunda Guerra Mundial, que la humanidad debe sancionarlos.

El 11 de diciembre de 2013 los mercenarios dirigidos por el Comité Clandestino de la CIA y el Comando Conjunto de

Fuerzas Especiales (JSOC) estadounidense que actúan en Siria bajo disfraz de Al Qaeda quemaron a habitantes pacíficos de ADRA a 20 kilómetros de Damasco (Siria) en hornos para cocer el pan.

Luego, el 23 de diciembre de 2013, se hizo público los métodos fascistas del pentágono para asesinar a los líderes revolucionarios y comunistas que se alzan en armas contra la opresión y explotación del sistema imperialista. Está muy claro que el principal objetivo del armamentismo imperialista está dirigido contra estas fuerzas revolucionarias. Convergen en ella desde aparatos GPS, pasando por aviones de guerra, tripulados o no tripulados, "bombas inteligentes", hasta destacamentos genocidas, se dice, de mercenarios de elite.

Y, no olvidar que en estos últimos meses está activado el paramilitarismo en varias regiones del planeta. Por el momento es lo central del ascenso fascista en Estados Unidos.

Por ejemplo se dice que se expande como virus imparable en Irak. Lo que demuestra lo importante que es el paramilitarismo en la política de Estados Unidos. El apunte dice lo siguiente: "Miles de ciudadanos han abandonado la provincia de Anbar después de que los islamistas tomaran el control de las ciudades de Ramadi y Faluya. Estas dos localidades, estratégicas durante la invasión de Estados Unidos, se convirtieron en un bastión de Al Qaeda. Ahora, el Gobierno del país intenta restablecer el mando en la región…Los sunitas de Irak son los parias de la invasión de 2003, los parias del Gobierno a manos de Nuri al Maliki tras años de marginación sistemática. La población sunita se encuentra entre un Gobierno que les rechaza y unos agentes extranjeros extremistas dispuestos a luchar por un emirato sunita", opina Karlos Zurutuza" (20).

Y no solo eso, incluso hay algunas notas que afirman que los paramilitaristas controlan actualmente más territorios en el mundo árabe que en cualquier otro momento de su historia.

Esta activación del paramilitarismo no solo está en Oriente Medio también está en Rusia y China. En Rusia fue en Volgogrado, el 29 de diciembre de 2013. "En menos de 24 horas Volgogrado ha sufrido 2 atentados terroristas. La mañana de este lunes, en plena hora punta, se produjo una fuerte explosión en un trolebús que ha dejado al menos 14 muertos y 25 heridos. Ayer al menos 17 personas murieron y más de 40 resultaron heridas en la explosión perpetrada en la estación de trenes de esta misma ciudad. Las investigaciones confirman que los dos atentados están relacionados" (21).

En China hubo un fuerte atentado el 30 de diciembre de 2013, casi simultáneamente con lo ocurrido en Volgogrado (Rusia). "El atentado, según el comunicado emitido por el gobierno provincial, ha tenido lugar en los alrededores de la localidad de Kashgar, uno de los núcleos principales de la ruta de la seda, próximo a la actual frontera con Tayikistán" (22).

4) Ucrania, Siria y Libia, en la cresta del fascismo.

A) Ucrania:

Aquí quiero mostrar dos apuntes muy importantes. El primero un análisis certero de Webster Tarpley". "Es un punto geoestratégico de primera dimensión al ser la ruta de entrada del gas ruso a Europa. Desde la era soviética, más de un centenar de tubos transportan el 80% del gas natural ruso a Europa a través de Ucrania. Los Estados Unidos, y su ambición de controlar los suministros de energía en el mundo, saben que por Ucrania pueden boicotear o controlar a su rival ruso y de paso a China (aliado de Rusia en esta guerra por el control del poder energético). No es casualidad que la mayoría de los medios de comunicación y agencias internacionales europeas y americanas intenten hacer aparecer a los opositores como defensores de la democracia (a pesar de las repetidas fotos de manifestantes con simbología neonazi, como la que acompaña esta información), frente a un opresor estado anclado en la represión. Pero la crisis actual sólo se puede entender desde el análisis del pasado reciente del país, con la llamada "revolución naranja" del año 2004, impulsada por la CIA, y con la llegada al poder de Yulia Tymoshenko que se enriqueció con la venta del gas ucraniano y por la que finalmente fue condenada y encarcelada" (23).

Y finalmente el análisis de Gueorgui Kriuchkov que dice lo siguiente: "Cómo podría hablarse de espontaneidad en los actos de protesta, cuando todo estaba perfectamente organizado al detalle con anterioridad. De la periferia, sobre todo las regiones occidentales se trajeron a la capital a miles de personas, pronto empezaron a destacar los 'comandantes de campo', con galones y experiencia desde el Maidán del 2004. Tenían preparadas una gran cantidad de tiendas de campaña militares, resuelta la logística de la comida, de la calefacción, de los lugares donde pasar la noche. Todos los detalles estaban pensados incluso la creación de un servicio jurídico y la puesta en marcha de una milicia interna. En aquellos lugares donde surgían situaciones conflictivas, 'en

44

el momento necesario', aparecían sin falta periodistas y cámaras de televisión... Se deja sentir claramente una mano experimentada en todo este guion de la provocación. Pero sería imposible comprender en profundidad la esencia real de esta lucha de ahora, sin contar con el factor externo. Los acontecimientos en Ucrania se están desarrollando en unas condiciones de agudización de las contradicciones permanentes entre occidente y Rusia; una confrontación que no desapareció con la caída de la URSS, ni con la restauración del capitalismo en el espacio postsoviético. Los esfuerzos de occidente están encaminados a arrancar a Ucrania de Rusia a cualquier precio, a impedir su acercamiento. No ha faltado la consabida quinta columna, una parte de la cual fue ya cultivada en el subsuelo del PCUS. Los Estados Unidos y sus aliados están llenos de determinación para impedir a toda costa el renacimiento, sea en la forma que sea, de la unión de antiguas repúblicas que componían la URSS, y el ingreso de Ucrania en esa unión. A Ucrania la están empujando claramente hacia la OTAN. Ya en noviembre de 1996 en una resolución acordada por ambas cámaras del Congreso norteamericano, la resolución n° 120, en respaldo a la independencia de Ucrania, había directrices muy claras sobre lo que debería hacer el presidente, el gobierno y el parlamento de la Ucrania independiente" (24).

B) El caso sirio, la resistencia antiimperialista del ejército sirio que lidera el presidente Bashar Al Asad, sigue siendo muy fuerte, en tanto en Ginebra-2 fueron desenmascarado los fascistas estadounidenses.

Estados Unidos está en un proceso de afirmación de su paramilitarismo. Esto es muy importante para su existencia. Está muy desesperado por mostrarse como anti-Al Qaeda. Y no se cansan en su insano propósito de confundir a la opinión pública internacional con la supuesta existencia de dos tipos de paramilitarismo, algo así como, los buenos y los malos. Para sus prensas y sus "intelectuales" supuestamente habría fricciones y luchas entre el EIIS, por un lado, y el Ejército Sirio Libre, asimismo, entre el Frente Islámico y el Frente al Nusra. En realidad no hay nada de eso. Los unos y los otros son criaturas del Pentágono. Al grupo de poder de Washington no le interesa en lo más mínimo la muerte de 2.300 personas (mercenarios en Siria e Irak) que en un mes ocurrieron. Unas notas a este respecto: "Más de 2.300 personas han muerto en el último mes a consecuencia de los enfrentamientos entre rebeldes islamistas y milicianos del Ejército Islámico de Irak y Siria (ISIS) registrados durante el último mes, según el Observatorio Sirio de Derechos Humanos (OSDH), que ha confirmado más de dos centenares de civiles entre las víctimas. Los choques, concentrados en la parte norte de Siria, dejaron entre el 3 de enero y el 2 de febrero un balance confirmado de 1.747 fallecidos, de los cuales 215 eran civiles, 531 miembros del ISIS y 979 combatientes rebeldes --islamistas y no islamistas-- contrarios al régimen de Bashar al Assad" (25).

En la cumbre Ginebra-2 Estados Unidos y sus mercenarios (paramilitarismo) fueron desenmascarados. Primero, fue escandalosa la negativa a invitar a Irán. Más aún el retiro de la invitación después de haberlo hecho. Segundo, la actitud servil de Ban ki-moon fue manifiesta. Sobre esto repasemos el siguiente apunte. "Entonces, el secretario general de la ONU, Ban Ki-moon, exigió a Walid al Mualem (canciller sirio) que se limitara a los siete minutos concedidos para hablar, a lo que este respondió: 'Usted vive en Nueva York. Yo vivo en Siria. Esta es una cumbre sobre Siria, es mi derecho'. 'Déjeme contar nuestra versión de la historia.

Usted ha hablado durante 25 minutos. Yo necesito por lo menos 30', le espetó. Los desafíos de la cumbre de paz de Ginebra 2, que ha arrancado este miércoles en Montreux, Suiza, han quedado más que patentes...El agrio debate entre Ban Ki-moon y Al Mualem prosiguió, al insistir el ministro sirio en que tenía derecho a expresarse durante más tiempo. Ban devolvió la palabra a Al Mualem, para interrumpirlo de nuevo unos 12 minutos más tarde. Después de unos minutos adicionales, el emisario sirio concluyó finalmente su discurso diciendo que 'el verdadero diálogo entre los sirios debe tener lugar en territorio sirio" (26).

C) En Libia es muy importante el ascenso de las fuerzas antiimperialistas:

Obra en mi poder el siguiente documento: "Informe de la jamahiriya Libia (17/01/2014): La resistencia verde prepara la batalla decisiva mientras el enemigo imperialista es derrotado en Siria e Iraq". Nota publicada el 17 de enero de 2014 en: Libia-sos.blogspot.com Allí se dice lo siguiente: "Llegan emocionantes noticias desde el sur de Libia: totalmente liberado de mercenarios, extremistas y traidores llamados "ratas rebeldes" al servicio de los conspiradores de la OTAN y Estados Unidos En todas las ciudades del sur el pueblo festeja con la imagen del líder Mohamar Gadafi. Según el último comunicado de la resistencia verde exhorta al patriota pueblo libio a no enfrentarse a la resistencia es el deseo de conservar la unidad entre todas las tribus, las mismas que han logrado conformar un ejército de más de 250 mil combatientes verdes equipados con todo tipo de material bélico y que en estos momentos se están desplazando por toda la ciudades para limpiar Libia del invasor colonialista. Exigen a la comunidad internacional a la ONU a respaldar al pueblo Libio y expulsar todas las tropas extranjeras y mercenarios contratados por la OTAN-Estados Unidos, advierten al invasor que deben permanecer fuera de Libia y fuera de los asuntos internos caso contrario se tomaran severas represalias en respuesta al honor y dignidad de la Gran Jamahiriya Libia. Manifiestan que se han tomado todas las previsiones luego de analizar a profundidad la situación global del país. El pueblo libio está tomando de nuevo su soberanía y de su país. La resistencia y el pueblo del sur están soportando en este momento un duro bombardeo de los mercenarios de OTAN, están preparados porque saben que los traidores de Misrata y el ejército de mercenarios están desplazándose hacia el sur, pero confiamos en la victoria ya que ahora todo ciudadano es parte del sistema de defensa de la gran Jamahiriya Libia. La resistencia a dado instrucciones a todo el pueblo para que se manifieste portando banderas verdes, el retrato del Líder Gadafi y de los mártires, que se escriban consignas en las calles para contrarrestar la miserable propaganda del invasor y sus esbirros... y no se olviden de las palabras de nuestro líder, que nos dijo que tarde o temprano vamos a ganar después de la derrota, y llevar a cabo la resistencia, incluso si no se oye su voz".

5) por otra parte son persistente las provocaciones de los imperialistas estadounidenses en contra de la República Popular Democrática de Corea (RPDC): Estos saben de sobra que este país es una potencia nuclear de gran valor histórico, que los ubica en una situación muy difícil con el resto de potencias imperialistas:

A finales de diciembre de 2013 se supo que Estados Unidos estaba planeando vender a Corea del Sur decenas de aviones nodrizas para "F-15K" y aviones Stealth "F-35A". Entre tanto, los países europeos estaban vendiéndole una gran cantidad de misiles de largo alcance (500 kilómetros) Aire-tierra llamados "Taurus KEPD 350K" para ser cargado en los aviones de combate "F-15K" y "KF-16" de la fuerza aérea surcoreana.

Luego a comienzos de enero de 2014 también se tuvo conocimiento que Estados Unidos estaba reforzando sus tropas en Corea del Sur. El apunte es el siguiente: "Según el diario 'Chosun Ilbo', que cita fuentes en el Ministerio de Defensa de Corea del Sur, la 1ª Brigada de la 2ª División de Infantería de las tropas estadounidenses recibirá un batallón más de infantería mecanizada. Cuenta con tanques modernos M1A2 y vehículos de combate M2A3. Se espera que el batallón llegue a Corea del Sur este año. La 1ª Brigada de las tropas estadounidenses en el país es la principal unidad de combate de Estados Unidos en la península coreana después de que la 2ª Brigada fuera enviada a Irak en 2004…En abril del año pasado el batallón 23ª de las tropas químicas regresó a Corea del Sur tras ser retirado de la península hace nueve años. Del mismo modo regresó el escuadrón de helicópteros de combate de reconocimiento OH-58D, que se convirtió en parte del 6° regimiento de caballería. Los helicópteros habían sido enviados a Irak hace cinco años, pero ya están de regreso a Corea" (27).

El 15 de enero de 2014 un grupo de activistas de extrema derecha surcoreano del grupo Fighters for a Free North Korea ('luchadores por una Corea del Norte libre') lanzaron globos con descripciones propagandísticos hacia Corea del Norte. "Los globos, lanzados en la ciudad fronteriza de Paju, deben cruzar a Corea del Norte y llevar a su territorio paquetes con dólares estadunidenses, DVD con información sobre la violación de los derechos humanos en Corea del

Norte, transistores y 1.500 USB con la versión coreana de Wikipedia" (28).

Entonces la República Popular Democrática de Corea (RPDC) se vio obligado a ampliar su polígono de lanzamiento de misiles. "En Corea del Norte se llevan a cabo los trabajos de preparación del lanzamiento de un misil balístico moderno, capaz de alcanzar territorio de Estados Unidos, según las conclusiones a las que llegaron los expertos del Instituto de Estados Unidos y Corea de la Universidad Johns Hopkins. La información se basa en las imágenes vía satélite recogidas en el polígono Sohae hechas durante los últimos dos meses y por las recientes pruebas de un nuevo motor de cohete, diseñado para los misiles balísticos móviles intercontinentales KN- 08" (29).

Y, pese a las advertencias de Pyongyang, Corea del Sur y Estados Unidos realizaran ejercicios militares conjuntos en marzo y abril de este año (2014). Así por ejemplo los ejercicios militares Key Resolve se realizarán durante dos semanas desde finales de febrero hasta principios de marzo. Luego será continuado con los ejercicios conjuntos Foal Eagle, que continuarán hasta finales de abril e implicarán la participación de un gran número de soldados y armamentos en cada lado.

Pero, en lo esencial, el grupo de poder de Washington, tiene conocimiento que la RPDC no es cualquier país, es una potencia nuclear.

Finalmente:

Es tanta la tensión internacional que Rusia ha dicho que responderá con arma nuclear en caso de ataque. Los operativos de provocaciones militares de los Estados Unidos realmente son muy graves. Son escandalosas, insoportables e indignos para Rusia y China. Sabemos que el decadente grupo de poder de Washington esta enloquecido por los cambios que se dan en el mundo en su contra. "El viceprimer ministro ruso, Dimitri Rogozin, ha manifestado que Moscú se reserva el derecho a emplear armas nucleares si Rusia es atacada por Estados Unidos. Rusia está 'preparando una respuesta' a los planes de Estados Unidos de desarrollar una plataforma capaz de lanzar ataques en cualquier lugar del mundo en un espacio de tiempo tan corto como una hora, señaló Rogozin en declaraciones a la agencia RIA Novosti el miércoles (11 de diciembre de 2013). 'Ellos pueden experimentar con armas convencionales en plataformas estratégicas, pero deben tener en cuenta que, si somos atacados, en ciertas circunstancias responderemos con armas nucleares', dijo Rogozin a la Duma, la Asamblea Baja del Parlamento ruso" (30).

Y la historia sigue su curso…

Enrique Muñoz Gamarra es sociólogo peruano, especialista en geopolítica y análisis internacional. Autor del libro: "Coyuntura Histórica. Estructura Multipolar y Ascenso del Fascismo en Estados Unidos".

Notas:
1) "El capital. Tomo I. Página 690. Editorial Cartago. Buenos Aires. 1973. Carlos Marx.
2) "China supera a Estados Unidos como nación comercial más importante del mundo". Nota publicada el 10 de febrero de 2013 en: Rusia Today.

3) "Rusia conserva el liderato en el mercado mundial del petróleo y el gas". Nota publicada el 04 de enero de 2014, en: La Voz de Rusia.

4) "El yuan chino desbanca al euro como la segunda moneda más usada en el comercio internacional". Nota publicada el 03 de diciembre de 2013, en: Rusia Today

5) "Acuerdo de bolsas asiáticas, un clavo más en el ataúd del dólar". Nota publicada el 29 de diciembre de 2013, en: Rusia Today.

6) "China se expande en reservas de oro, superando en el ranking a Italia y Francia". Nota publicada el 19 de enero de 2014, en: Global Research.

7) "Estados Unidos desarrolla un drone capaz de permanecer en el aire cinco años". Nota publicada el 19 de agosto de 2013, en: Ria Novosti.

8) "Zumwalt: botado en silencio el destructor más innovador, caro y grande del mundo". Nota publicada el 29 de octubre de 2013, en: Ria Today.

9) "Triton: inédito 'drone' de Estados Unidos abrirá nuevas posibilidades en tareas de inteligencia": Nota publicada el 08 de enero de 2014, en: Rusia Today.

10) "Estados Unidos amplía su Quinta Flota en Bahréin". Nota publicada el 15 de diciembre de 2013, en: HispanTV.

11) "Aviones estadounidenses patrullarán el espacio aéreo de los países bálticos". Nota publicada el 27 de diciembre de 2013, en: Ria novosti.

12) "Jefe de OTAN exhorta a aliados a continuar transformación". Nota publicado el 28 de enero de 2014, en: Pueblo en Línea.

13) "Egipto excluido de la cumbre Estados Unidos-África". Nota publicada el 29 de enero de 2014, en: Al Manar.

14) "Estados Unidos hace saltar las alarmas ante el imparable progreso militar de China". Nota publicada el 20 de enero de 2014, en: Rusia Today.

15) "China presenta su nuevo tanque, una amenaza al blindaje occidental". Nota publicada el 22 de enero de 2014, en: Rusia Today.

16) "Rusia se convierte en el líder tecnológico de la flota submarina mundial". Nota publicada el 12 de enero de 2014, en: Rusia Today.

17) "Putin: "La 'tríada nuclear' es la prioridad del complejo militar-industrial de Rusia". Nota publicada el 22 de enero de 2014, en: Rusia Today.

18) "Putin califica de "terrorista" al régimen saudí". Nota publicada el 06 de enero de 2014, en: Al Manar.

19) "Algunas reflexiones sobre la evolución de la situación en Ucrania". Autor: Josafat S. Comín. Nota publicada el 30 de enero de 2014, en; Blog de Josafat S. Comin.

20) "Al Qaeda se extiende en Irak como un virus imparable". Nota publicada el 08 de enero de 2014, en: Rusia Today.

21) "Los atentados en Volgogrado tienen vínculos con el terrorismo internacional". Nota publicada el 30 de diciembre de 2013, en: Rusia Today.

22) "Mueren 8 atacantes en "atentado" contra comisaría en China". Nota publicada el 30 de diciembre de 2013, en: HispanTV.

23) "Estados Unidos y la Unión Europea llevan a Ucrania a la balcanización. Análisis de Webster Tarpley". Nota publicada el 28 de enero de 2014, en: Más voces.

24) "Para entender la situación de Ucrania. Qué fuerzas políticas están detrás de Maidán". Autor: Gueorgui Kriuchkov. Nota publicada el 18 de enero de 2014, en: Blog de Josafat S. Comin.

25) "Más de 2.300 muertos por los choques entre milicias islamistas sirias". Nota publicado el 03 de febrero de 2014, en: Pravda Internacional.

26) "Canciller sirio a Ban Ki-moon: "Yo vivo en Siria, usted no; déjeme contar nuestra versión de los hechos" Nota publicada el 22 de enero de 2014, en: Rusia Today.
27) "Estados Unidos refuerza sus tropas en Corea del Sur". Nota publicada el 07 de enero de 2014, en: Rusia Today.
28) "Video: Surcoreanos lanzan una campaña propagandística 'aérea' hacia Corea del Norte". Nota publicada el 15 de enero de 2014, en: Rusia today.
29) "Corea del Norte amplía el polígono de lanzamiento de misiles". Nota publicada el 30 de enero de 2014, en: La Voz de Rusia.
30) "Rusia responderá con armas nucleares si Estados Unidos la ataca". Nota publicada el 12 de diciembre de 2013, en: Al Manar.

México: Y cuando volvió la luz quedaban sólo pedazos...

Ana Esther Ceceña y David Barrios

El capitalismo del siglo XXI es mucho más poderoso y arrasador que el del pasado, y a la vez mucho más frágil, con claros signos de senilidad y descomposición. Su capacidad destructiva se multiplica y difunde por todos los vasos capilares de la sociedad carcomiendo la vida, los cuerpos, los territorios y la imaginación.

Aire y agua envenenados, alimentos que pudren el organismo, medios que trastornan el sentido común, balas, bombas, químicos, bacterias y virus generados para mutilar, dañar y eliminar son sólo algunos de los elementos que van marcando las rutas del mundo de los negocios y el poder. Y, no obstante, vemos vida brotando incansablemente hasta de las piedras, en una lucha sin cuartel de la que nadie se atreve a perfilar el final. El capitalismo o la vida parece ser claramente la disyuntiva de este siglo que comienza convertido en un campo de batalla. [1]

Si bien los planes de despliegue sobre el petróleo, el agua, los minerales, las rutas y las selvas estratégicas estaban prefigurados de antemano, el acontecimiento en las torres gemelas de la city de Manhatan detonó una carrera de velocidad con múltiples derroteros: Asia Central, el Medio Oriente, África y América, sin dejar de mirar hacia Europa y el Lejano Oriente. El Secretario de Defensa aseguraba, en 1998, que "... Estados Unidos se encuentra en un periodo de oportunidad estratégico. La amenaza de guerra global ha retrocedido y los valores fundamentales de la nación de democracia representativa y economía de mercado son adoptados en muchos lugares del mundo..." (Cohen, 1998) para instar a una política de despliegue hegemónico planetario haciendo frente no sólo a los competidores sino al conjunto de resistencias que emergían desde todos los rincones del mundo.

Planes hegemónicos ambiciosos desarrollados en este siglo XXI, consecuentemente, llevaron a poner en juego mecanismos de todos tipos, combinados de acuerdo a las situaciones específicas. Afganistán, Irak, Colombia, Sudán, Libia, siempre Palestina, Honduras y tantos otros lugares recibieron parte de las esquirlas detonadas el 11 de septiembre de 2001, unas más leves, otras contundentes. Dos casos, Pakistán y México, fueron evaluados como piezas especiales en el rompecabezas planetario, destinados a jugar un papel de bisagras, diques, enlaces en contextos regionales de la más alta relevancia. El argumento: a pesar de su situación de relativa estabilidad están en riesgo de devenir estados fallidos súbitamente, "por colapso". El colapso puede ser atribuido a acciones desproporcionadas del narco, a inestabilidad social, a problemas políticos, a migraciones, a conflictos transfronterizos o a cualquier otra causa, incluso inundaciones que den lugar a desequilibrios sociales. No está definido para admitir definiciones a modo (igual que la categoría terrorista), adaptables a las circunstancias.

Así se asienta en el Joint operating environment 2008: En la literatura de los estados débiles y fallidos hay una dinámica que ha recibido relativamente poca atención, y es el fenómeno de "colapso rápido". (…) El colapso de un estado viene usualmente como una sorpresa, tiene un comienzo rápido y plantea problemas graves. (JOE, 2008: 35. Traducción AEC) .

México: el aliado incondicional

Después de ser el primer país de América Latina (1994) en incorporarse a un bloque económico regional (Tratado de Libre Comercio de América del Norte) en condiciones de total desventaja, México, en 2005, adhiere al primer bloque regional de seguridad (Alianza para la Seguridad y Prosperidad de América del Norte) mediante un acuerdo marco casi inespecífico, que iría siendo dotado de contenido atendiendo a las circunstancias.

Simultáneamente a la firma de estos acuerdos, a México le toca la distinción de entrar a formar parte del área a cargo del Comando Norte de las fuerzas armadas de Estados Unidos en ocasión de la reorganización ocurrida en secuela de los acontecimientos de las torres gemelas. El Northcom, que cuida la seguridad interna de Estados Unidos, extendió sus fronteras abarcando Canadá y México, en razón de las amplias líneas fronterizas que comparten.

Así el México pacifista de la autodeterminación y de la no injerencia empezó a realizar ejercicios militares navales con el Comando Sur y a tener intercambios y entrenamientos en el marco de las actividades del Comando Norte.

Poco a poco, todo el funcionamiento de la Nación se fue adecuando a las normas regionales, manteniendo siempre la distancia en salarios y la permisividad para los capitales foráneos en el territorio mexicano, pero conservando las brechas que hicieron apetecible el agrupamiento regional. Desde la constitución de la Nación, nunca la soberanía se había encontrado en las condiciones de fragilidad con las que abre el 2014. Nunca el país había estado tan desatado. Nunca se había tenido una situación de inmoralidad, corrupción, saqueo y violencia generalizada como la que se vive en este momento.

México ha transitado hacia un estado de impunidad en el que se han desatendido las reglas mínimas de convivencia social: Con un poder legislativo que sesiona amurallado por vallas de metal y de policías para impedir que cualquiera de los supuestos representados pudiera acercarse a ver cómo se decide su futuro, crecientemente a contrapelo del clamor popular; con un poder judicial que rara vez, y después de mucha presión, tiene un fallo justo; y con un poder ejecutivo vocero de las grandes corporaciones y de los altos intereses de Washington. Tanto, que resulta difícil no evocar las burdas y brutales imágenes de las dictaduras militares o civiles de nuestro Sur.

Lo que 30 años de neoliberalismo, el TLCAN o la ASPAN no lograron, fue consumado por el estado de impunidad en solamente unos meses: el petróleo del pueblo de México se ha puesto a disposición del mejor postor, ha dejado de ser el "patrimonio de la Nación".

La construcción del Estado de impunidad

México es uno de los países que tuvo durante el siglo XX una de las construcciones estatales más completas de la región, con la edificación parcial de un amplio sistema de seguridad social así como importantes obras en infraestructura en educación, salud y transportes. Parte de ello fue la expropiación petrolera de manos de compañías privadas para elevarlo al rango de bien estratégico de la Nación. En los últimos 30 años, que coinciden con la puesta en marcha del proyecto político y económico del neoliberalismo, dicha construcción ha sido desmantelada casi en su totalidad. Si bien es cierto que en todo momento hubo sectores ausentes del proyecto de país (de manera acusada los pueblos indios), durante las décadas posteriores a la Segunda Guerra Mundial y hasta los años ochenta, una gran porción de la sociedad incorporada al ámbito laboral gozó de derechos sociales conquistados por luchas históricas, reconocidas institucionalmente. La mayor fue la Revolución mexicana, de la que emanó una Carta Magna que reconocía la propiedad colectiva, entre otros.

El estado del México posrevolucionario, que incluso fue tratado de replicar en otros lugares de la región, tenía como contracara una peculiar manera de hacer presencia en diversos espacios de la vida social. El sindicalismo, el orden familiar, la educación, los medios de comunicación, entre otros ámbitos seguían de manera irrestricta las directrices de un eficaz aparato ideológico y represivo. Al mismo tiempo que México mantenía excelentes relaciones diplomáticas con Cuba; se constituía en lugar privilegiado de refugio para los exiliados políticos del Cono Sur y albergaba negociaciones de paz entre distintas fuerzas revolucionarias y los gobiernos de sus países; en México había un proceso silencioso de represión que incluyó la llamada "guerra sucia" contra movimientos armados, campesinos y sindicales y centenares de asesinatos de activistas, desapariciones forzadas y personas encarceladas por motivos políticos. Tres episodios críticos de conocimiento público fueron la masacre de los trabajadores ferrocarrileros en 1958 y las estudiantiles de octubre de 1968 y junio de 1971. Y todo esto ocurrió siempre en un estado de paz.

Un matiz que es oportuno establecer es que una de las más caras y perversas cualidades de este régimen residió en su capacidad para hacer funcionales y controlar sectores e instancias de mediación social estratégicas a nivel nacional y regional. Esta habilidad política no se expresaba en el control absoluto de la vida social, sino en la cooptación y manejo de las instancias sociales que funcionaban como articuladoras de la vida nacional. Esto se hizo manifiesto no sólo a nivel federal, sino también en la distintas regiones políticas que configuran al Estado mexicano. En cada una de las escalas había una misma lógica que se expresaba en el control de diversos ámbitos (en algunas ocasiones o geografías se controlaba el aparato productivo, en otras las organizaciones populares, los medios de comunicación...).

La eficacia del gobierno no residía entonces en una verticalidad absoluta, sino en una compleja red de poderes que funcionaban bajo la lógica de controlar las prácticas y espacios sociales estratégicos.

Será a comienzos de la década de los años ochenta que comienza un proceso de transformación que, como ocurriría en diversas partes del mundo, incluía un discreto proceso de apertura política, acompañado de uno voraz en el ámbito de la economía. De esta manera inició un violento proceso de privatizaciones y reformas a la Constitución, que culminaron en la firma del TLC en 1992 (entró en vigor en 1994) y ahora en las privatizaciones de todo lo que restaba dentro del marco de los bienes estratégicos de la Nación.

Los engranes del viraje

Cambios tan profundos en una sociedad como la mexicana no podían ser realizados sin la aplicación de dispositivos de control social que pudieran neutralizar las posibles respuestas. Esto fue evidente en el momento en que la entrada en vigor del TLCAN fue acompañada del estallido social de mayor envergadura desde las revueltas del 68. El telón cayó y en el México que preparaba su entrada en el primer mundo aparecían los verdaderos integrantes del pueblo: con fusiles de madera y cuerpos forjados en el maltrato un ejército maya recorría las calles mestizas de Chiapas repudiando el TLCAN y proponiendo una guerra contra los vende patrias.

El impacto fue definitivo y el zapatismo se convirtió casi instantáneamente en una enorme fuerza política, pesando en contra de las reformas todavía no consumadas que, después de una cuidadosa ingeniería de la descomposición, acaban de ser aprobadas 20 años después.

Si en 2005 se firmó la ASPAN, desde ahí fue generándose, en acuerdo con Estados Unidos, una política de securitización cuyo primer paso fue el involucramiento del ejército en labores de seguridad interna. A la par de un clima crecientemente represivo en contextos de movilización y protesta social, se prefigura uno de los ingredientes principales de esta política: la construcción de un enemigo interno, que en este caso fue identificado públicamente con el narcotráfico. De esta manera los primeros atisbos de una nueva estrategia de lucha contra el llamado "crimen organizado" se remonta a los últimos años de la gestión de Vicente Fox, coincidentes con la firma de la ASPAN, en los cuales se desplegaron operativos policíacos y militares en las regiones más relacionadas con la acción de los cárteles.

Sin embargo, es en 2006, después de un fraude electoral flagrante en unas elecciones muy concurridas, que inicia realmente el proyecto de instalación de la guerra en México que en 2007 tomará el nombre de Iniciativa Mérida. Felipe Calderón, a quien se la he intentado hacer un juicio por genocidio, optó por desplegar miles de efectivos militares en distintos puntos del país usando como pretexto un relativo incremento en los asesinatos vinculados con la disputa de los cárteles de la droga por las rutas y mercados del país. Aun cuando hubo sectores seducidos por la retórica bélica instaurada por el gobierno federal, el incremento exponencial de los asesinatos, aunado a la violación de las garantías de la población por parte de los militares y policías, propició diversas protestas en la geografía del país. En estos años, México incorporó a la cotidianidad, no sólo el asesinato sistemático de personas, sino formas de violencia antes prácticamente inexistentes como masacres, colocación de explosivos en el espacio público, cuerpos calcinados, decapitados y mutilados que aparecían diariamente en todo el territorio nacional.

La llamada guerra contra el narcotráfico ha incrementado y visibilizado la presencia y actuación de efectivos norteamericanos en suelo mexicano. Como ejemplo de ello podemos señalar la implementación de la Operación Rápido y Furioso, a través de la cual desde Estados Unidos fueron ingresadas de manera ilegal alrededor de 2 mil armas que posteriormente serían utilizadas en diversos actos de violencia por el denominado "crimen organizado". El objetivo declarado de los agentes de la Oficina de Alcohol, Tabaco, Armas de Fuego y Explosivos, encargados de la operación, era rastrear a los vendedores y compradores que no encontraron, sorprendiendo con tal grado de ¿ineficiencia?.

La situación de guerra que aqueja al país desde 2006 ha dejado un saldo de personas asesinadas que, a pesar de las cifras distintas de las fuentes que hacen el seguimiento de datos, se coincide en que sobrepasa los 100 mil decesos. La cifra oficial de asesinatos es de 94 mil 249 de diciembre de 2006 a diciembre de 2011 (INEGI, 2012). Las cifras de desplazados oscilan entre 780 mil y 1 millón 648 mil (Parametría, 2011) aunque otras fuentes registran solamente 250 mil (Sanjuana Martínez). El secuestro de migrantes se estima en alrededor de 10-12 mil al año (CNDH, 2011) y los desaparecidos ascienden a alrededor de 50 mil.

Una depredación social de enormes dimensiones si pensamos que la dictadura argentina de los setenta arrojó una cifra de 30 mil muertos.

La llamada guerra contra el narco o guerra contra el crimen organizado impulsada desde 2006 instituyó como política de estado la persecución y eliminación de lo que se identificaba como el enemigo interno. Esto significa que gran parte de esos asesinatos deben ser atribuidos a las fuerzas de seguridad del estado. Miles de policías y militares mexicanos (se contabilizaban 7 mil en 2011) han sido entrenados por sus pares colombianos siendo en parte financiadas estas actividades por Estados Unidos a través de la Iniciativa Mérida. La estimación es que Colombia ha entrenado cerca de 13 mil personas desde 2005 como parte de su política de "exportación de seguridad" que se dirige hacia Centroamérica y algunos otros países pero, de acuerdo con los datos, especialmente a México (Isaacson, 2014). Los vínculos entre Colombia y México nunca habían sido tan fuertes como a partir de 2007 en que se echó a andar el Plan México, llamado Iniciativa Mérida. En el ámbito de la seguridad se han creado, entre otros, diversos mecanismos de asesoría y colaboración como el Grupo de Alto Nivel sobre Seguridad y Justicia (GANSJ) o el Comité Colombia – México de Cooperación contra el Tráfico Ilícito de Estupefacientes y Sustancias Psicotrópicas. Y como indicador de toda evidencia Enrique Peña Nieto, actual Presidente, nombró al general colombiano retirado Óscar

Naranjo, [2] cuyo destacado papel en la guerra en Colombia es de todos conocido, asesor en materia de seguridad.

En una década la sociedad mexicana ha sufrido una transformación brutal. La impunidad y la violencia generalizada han alterado las reglas de sociabilidad previas, construidas a lo largo de todo el siglo XX. El tejido social ha sido destruido y la moralidad social entró en un estado de esquizofrenia. Evidentemente no sólo fue la violencia armada; la violencia económica promovida por el neoliberalismo preparó el terreno de una descomposición muy profunda. Los datos oficiales, generalmente moderados, identifican que 53.3 millones de mexicanos y mexicanas (de un total de 112) viven en situación de pobreza; de éstos, aproximadamente la mitad se encuentran en pobreza extrema.

En el curso de una generación ese país que fue paradigma de estabilidad y control político sutil se transformó en un infierno social que publicitariamente se atribuye a las actividades del crimen organizado pero que en verdad fue promovido desde el estado, sin quitarle responsabilidad al crimen organizado. En el México de hoy hay una clara imbricación entre economía ilegal y política; entre negocios y crímenes; y entre corrupción, colusión y legalidad.

¿Por qué un estado de impunidad?

Desde que se firmó el TLCAN la pretensión de Estados Unidos era incluir el petróleo como parte de las negociaciones.

México es un país muy rico, empezando por su diversidad en variedades de maíz, en lenguas y culturas indígenas, por sus selvas, ya diezmadas pero con gran cantidad de especies endémicas; por sus trabajadores, que cobran salarios 10 veces menores que los de Estados Unidos en promedio. La riqueza minera es otro elemento de relevancia, que colocó a México como centro de actividades económicas en la colonia, junto con Perú; y sin duda los yacimientos de petróleo, gas, e incluso uranio.

La voracidad con que el capitalismo contemporáneo ha emprendido el saqueo de la naturaleza hace que la importancia de la conformación física del territorio sea un atractivo privilegiado. Según datos recientes, que constituyen un llamado de alerta sobre las dimensiones de la extracción minera en el país, la extracción de oro en el periodo 2000-2010 (419,097 kg) duplica lo extraído durante el período colonial 1521-1830 (191,825 kg) En el caso de la plata en el periodo 1521-1830 se extrajeron 56,144 toneladas, mientras que en el periodo 2000-2010 fueron 33, 465 toneladas, es decir que en 10 años se ha extraído casi la mitad que en 300 años de colonia española. (González 2011).

El territorio se ha privatizado vertiginosamente en las 3 décadas de neoliberalismo. La propiedad colectiva fue transformada en individual y los ejidos se parcelaron y perdieron creciendo las superficies del agronegocio, generalmente de monocultivo; y las mineras obtuvieron amplias extensiones en concesión:

…los títulos de concesión minera expedidos en el periodo 2006-2010, comprenden un territorio que supera los 30 millones de hectáreas -cifra que equivale a poco más de 307 mil km2- y que representa en su conjunto una superficie mayor a la extensión territorial total del estado de Chihuahua, la cual asciende a 247,087 km2. Ahora bien, si se considera el periodo 2000-2010 se advierte que la superficie concesionada a las empresas mineras rebasa las 56 millones de hectáreas espacio que equivale a alrededor del 25% del territorio nacional continental. (González Rodríguez, 2011: 8-9)

Obviamente dentro de la minería contemporánea los metales de uso industrial tienen también gran importancia. No obstante, los datos para oro y plata marcan una tendencia o una voracidad que se repite en muchos de los territorios mineros del mundo. Hay una especie de insaciabilidad o una enorme preocupación por sacar los recursos antes de que los pueblos reclamen su pertenencia, cosa que está ocurriendo en todos lados. México es hoy el primer productor de plata (USGS, 2011) y la extracción de oro de las empresas estadounidenses y canadienses en el país pasó de 30 mil kg en 2005 a 89 mil en 2011, con una proyección de 94 mil para el 2018 (USGS, 2012).

Pero lo realmente estratégico es la posesión del petróleo, que en el caso de México es un símbolo de soberanía desde el momento en que fue expropiado de manos de compañías extranjeras en 1938. Las cifras sobre reservas son engañosas. Sobre todo en los años recientes en que se ha estado intentando su privatización y se manejan los montos de acuerdo con los argumentos que justificarían la privatización. En unos casos es mucho y hay que explotarlo para apuntalar el crecimiento de México; en otros casos es tan poquito que ya ni vale contarlo en los acervos patrimoniales de la Nación. La Secretaría de Energía (2012) lo calcula en 10 mil millones de barriles para enero de 2012, pero algunos estudiosos del tema calculan los yacimientos del Golfo de México que todavía no están en explotación, en 29 mil millones adicionales (Apodaca, 2013).

Desde los años noventa la presión por privatizar primero la producción de derivados, luego la explotación, la extracción y la exploración, han llevado a modificar la Constitución en varios momentos. El peor, en diciembre de 2013. Subrepticiamente se fue cambiando la definición de las actividades restringidas al estado por su carácter estratégico, pero el descontento fue subiendo de tono cuando se empezaron a otorgar contratos de servicios múltiples, con la trampa de que no había restricción del número de contratos que podía acumular un mismo proveedor. Lo que no se permitió fue la extracción directa por parte del capital privado y menos aun su participación en la producción como se acaba de aprobar ahora.

Fue necesario vencer muchos obstáculos, entre los que destacan, por su importancia estratégica y simbólica, algunos que han quedado registrados como hitos en la historia de los tiempos contemporáneos:

1. Intentos de desaparecer o, por lo menos, fragilizar a la UNAM, principal espacio de pensamiento crítico del país, con el propósito de desactivar su potencialidad de intervención en la sociedad, de modificar los contenidos de la educación y los imaginarios colectivos, y de beneficiar los negocios privados con la privatización de la educación superior.

2. Un golpe muy significativo consistió en la colusión de todo el sistema político, sin distinción de adscripción ideológica, en contra de los Acuerdos de San Andrés resultado de la mesa de diálogo entre el gobierno y el Ejército Zapatista de Liberación Nacional, construidos con la más amplia participación de los diferentes sectores de la sociedad que se hubiera registrado en los últimos 50 años.

3. Socavamiento de las bases reales del sindicalismo mediante la extinción por decreto presidencial de la Compañía Luz y Fuerza del Centro donde se asentaba el sindicato con mayor y más larga tradición democrática, el único gran sindicato independiente todavía en activo. Esto implicó el despido de 44 mil trabajadores.

4. Embate frontal contra la fuerza de trabajo a través del control de salarios mínimos, la desregulación de las relaciones laborales, el desmantelamiento de la seguridad social, los sistemas de pensiones con el objeto de cumplir

los objetivos de la flexibilización laboral y de paso alterar los sentidos sociales en torno a la universalidad de derechos. El último paso de esta política, consumado también en 2013 es la aprobación de una reforma laboral desprotectora del trabajo y que conculca todos los derechos reconocidos previamente.

5. Reforma educativa que lesiona los derechos laborales del magisterio y que introduce un control de calidad estandarizado sobre contenidos prefijados y homogeneizadores. Esta reforma ha sido acompañada de una desproporcionada campaña mediática de desprestigio y linchamiento en contra de los maestros.

6. Reformas antiterroristas al código penal y civil que en 2013 han transformado la inespecificidad de la categoría terrorista en una muy específica que focaliza en las protestas sociales. Se tipifica el terrorismo ampliando las sanciones a sus financiadores; se sancionan los ataques a bienes y servicios privados y no sólo públicos; y se le suprime un párrafo, esencial para proteger el derecho a la disidencia y la protesta social:

Las manifestaciones que realicen grupos de personas en ejercicio de sus derechos humanos y constitucionales, sin intención u objetivo de atentar contra bienes jurídicos de personas, tengan la finalidad de presionar a la autoridad para que tome una determinación en cierto sentido sobre alguna demanda, no se considerarán terrorismo.

Así es como se fue preparando el terreno para, en diciembre de 2013, en escasos 3 días hacer pasar una reforma energética que contradice la Constitución, los valores patrios y las consensos sociales de nuestro largo siglo XX.

El PRI, que más que un partido es un régimen, llegó a la conclusión del siglo XX asediado por el descrédito y el hartazgo por parte de la población que de manera generalizada lo percibe como corrupto y creador de toda una cultura política basada en el clientelismo, la compra de votos, la amenaza permanente sobre los contrincantes, o el abierto recurso del fraude electoral.

El sistema político en su conjunto, más allá de los teatros electorales, participa de esa cultura y es corresponsable de las reformas y golpes de disciplinamiento aplicados a la sociedad. Por unanimidad los partidos resolvieron en contra de los Acuerdos de San Andrés en 2001; por complicidad resolvieron por la reforma energética en 2013. La criminalización de la política se aplica lo mismo en gobiernos de "izquierda" que de "derecha" en todo el país, incluyendo la capital donde se ha aprobado un protocolo para el control de multitudes, que incluye el uso de la "fuerza letal" así como el recurrente despliegue de operativos policíacos que culminan siempre con arrestos arbitrarios, uso excesivo de la fuerza e incluso, personas gravemente heridas por la actuación de la policía.

Y sin embargo, se mueve

Como resultado de la inédita situación de violencia que desborda al país, y de la transformación del estado de derecho en un estado de impunidad, han sido muchos y diferentes los esfuerzos en la sociedad por restablecer las condiciones de convivencia.

El país se ha convertido en un territorio en ebullición, con movimientos organizados que luchan por autonomía en ciertos territorios, contra la devastación minera, forestal, hidroeléctrica u otras, por la diversidad cultural y de sistemas y contenidos educativos, por la autodefensa en territorios amagados por la impunidad del crimen organizado y la complicidad de las fuerzas de seguridad del estado. Los familiares de desaparecidos o asesinados se movilizan por su búsqueda y por castigo a los culpables. Hay grupos defensores de los migrantes que les dan auxilio a lo largo de sus rutas hacia Estados Unidos. Existe una variedad de iniciativas ciudadanas reclamando la vuelta del estado de derecho. Los estudiantes, con su característica intermitencia abren campos de lucha como los del movimiento Yo soy 132 o el de la ampliación del ingreso a las universidades.

Los impactos del proceso que hemos descrito son diversos. Más allá de los datos duros que dan cuenta de la destrucción y la muerte que se han vuelto elementos cotidianos para la población, existen modificaciones culturales y de horizonte de sentido para enormes porciones de la población. Esto es quizá más nítido para los jóvenes, para quienes la ausencia de perspectivas de futuro convierte al negocio de la muerte y el avasallamiento de los otros en la única "opción racional" y hasta deseable. Esto ha sido promovido por la apología de un estilo de vida basado en el individualismo y el consumo, en combinación con el desgarramiento del tejido social.

Los movimientos de autodefensa son armados, pero no son guerrillas. Se enfrentan a los grupos armados y protegidos del crimen organizado. Muchos otros movimientos no son armados, a pesar de que las guardias blancas de las mineras, entre otras, los acosan y los matan.

Frente a la inoculación de la sospecha y la delación como relación social y de la cultura del miedo como práctica cotidiana, la mexicana es una sociedad que se defiende, pero también que construye, que crea condiciones para un futuro distinto. Que defiende el maíz y recupera y recrea sus formas de cultivar, de curarse, de entender la vida. Una sociedad que reinventa sus prácticas comunitarias, sus procesos culturales y sus modos de generar la vida.

Una sociedad rodeada de muerte que se empeña en producir vida.

Notas:

[1] Sin considerar por lo pronto los avances en la ruta de

69

colonizar otros planetas o astros del sistema solar, tarea en la que se están teniendo enormes avances al localizar rastros de agua en una de las lunas de Júpiter y en Marte.

[2] Se le ubica como el responsable de haber desmantelado a los cárteles de Medellín y Cali. Se le conoce por su capacidad para negociar con el narcotráfico, su cercanía con la DEA, su valiosa asesoría en el ámbito de la contrainsurgencia, violaciones a los derechos humanos y por su papel en la Operación Fénix consistente en el bombardeo al campamento de paz de las FARC en territorio ecuatoriano, misión por la cuál siendo policía fue, no obstante, nombrado general.

* Texto publicado en la revista colombiana CEPA, Año IX, Volumen I, febrero-julio de 2014. Los autores son Integrantes del Observatorio Latinoamericano de Geopolítica, Instituto de Investigaciones Económicas, Universidad Nacional Autónoma de México. Este trabajo forma parte del proyecto de investigación Territorialidad, modos de
vida y bifurcación sistémica (DGAPA-IN301012).

ARGENPRESS.info-- MARTES, 11 DE FEBRERO DE 2014

Militares de Estados Unidos recibieron órdenes de destruir las fotografías de Bin Laden muerto

RIA NOVOSTI

Los comandos estadounidenses que participaron en el operativo para liquidar al líder de Al Qaeda, Osama bin Laden, recibieron la orden de destruir todas las fotografías hechas durante su realización, informó la organización Judicial Watch citada por Associated Press.

Según esa organización, el almirante William McRaven, jefe de las Fuerzas Especiales de Estados Unidos, en una carta enviada por correo electrónico el 13 de mayo de 2011, ordenó entregar a la CIA o destruir todas las fotografías hechas a bin Laden después de su asesinato.

La orden fue impartida once días después de la muerte de Bin Laden y diez días después de que la agencia AP pidiera a las autoridades documentos que demostraran la muerte del jefe de la organización terrorista.

Según las versiones de las autoridades estadounidenses, Bin Laden fue abatido la noche del 2 de mayo de 2011 en la localidad de Abbottabad en Pakistán y su cuerpo fue arrojado al mar un día después.

Inicialmente, el presidente de Estados Unidos, Barack Obama, anunció intenciones de publicar fotos del terrorista muerto, pero luego desistió de su decisión. Las imágenes del cuerpo del terrorista número uno fueron expuestas solo a un grupo reducido de congresistas estadounidenses.

La organización Judicial Watch, que se manifiesta a favor de la transparencia de las actividades del gobierno de Estados Unidos exigió publicar las fotografías y vídeos sobre la muerte de bin Laden en base al acta sobre la libertad de información.

No obstante, en 2012, un tribunal rechazó la demanda de la organización argumentando que la publicación de esas fotos podría alentar a los radicales a perpetrar nuevos atentados terroristas.

Pero veamos esta otra nota muy anterior a la muerte de Bin Laden.

  ▾
---

del CONSEJO DE ANALISTAS CATÓLICOS DE MÉXICO (CACM)

Osama Bin Laden está muerto. Por José Alberto Villasana*

Publicado el 19 de Julio de 2009
por Carlos Montiel en Todos
* Premio Nacional de Periodismo 2002, por investigación sobre los atentados al WTC publicada en Le Monde Diplomatique (México, Nov 2001, N° 45).

El gobierno estadounidense mantiene vivo a un fantasma para atemorizar e imponer su agenda "antiterrorista"-Desde 2002, las grabaciones de Osama han sido falsas

"Osama Bin Laden ha muerto y fue enterrado hace 10 días". La noticia fue dada a conocer, el 26 de diciembre de 2001, por The Observer pakistaní y por el periódico egipcio Al-Wafd en su No. 4633. La noticia revela que cerca de 30 guerrilleros del grupo Al Qaeda, así como familiares y amigos de Osama, presenciaron el entierro, el cual sucedió en las montañas de Tora Bora. También se da a conocer que la tumba fue aplanada, siguiendo la tradición Wahabi. La nota precisa que la muerte no ocurrió como resultado de los bombardeos, sino por el agravamiento de su enfermedad renal. No obstante, Benazir Bhutto, dos veces primer ministro de Pakistán, afirmó, el 2 de noviembre de 2007, en entrevista con David Frost, que Omar Sheikh mató a Osama, lo cual no excluye la grave enfermedad que éste sufría.

La noticia de la muerte de Bin Laden coincide con información dada a conocer por el corresponsal en Washington del Telegraph revelando que la última vez en que el Pentágono interceptó la voz de Osama, sobrevolando las cuevas de Tora Bora, fue el 14 de diciembre de 2001. Durante el bombardeo, Bin Laden usaba una radio de onda corta para comunicarse con sus militantes. Al día siguiente se dejó de oír su voz. Ese día fue el entierro.

También para la inteligencia israelí Bin Laden está muerto. Así fue declarado en un reportaje especial para World Tribune en el que se afirma que un sucesor de Osama había sido ya elegido, y que las grabaciones difundidas eran falsas.

En enero de 2002, el entonces presidente de Pakistán, Parvez Musharaf, declaró para CNN que la causa de la muerte de Bin Laden fue que éste ya no pudo obtener el tratamiento de diálisis que necesitaba para su enfermedad de riñón. Musharraf dio a conocer que Osama había introducido a Pakistán dos máquinas para diálisis, pero dudaba que hubiera podido hace lo mismo en las montañas de Tora Bora. También agregó que en el último discurso en que vio a Bin Laden, el 7 de diciembre de 2001, el líder de Al Qaeda lucía muy enfermo. Así lo confirmó el doctor Sanjay Gupta al analizar esa cinta explicando que "lo gris de su barba, lo delgado de su figura y la palidez de su piel indican una enfermedad severa, en toda la entrevista nunca movió su brazo izquierdo y está recargado del lado derecho, lo que indica la presencia de un ataque agudo". Y añadió: "La hemodiálisis está reservada para pacientes en etapa terminal de fallo renal. Y si te separas de la máquina de diálisis, las cuales requieren de electricidad y agua purificada (difíciles de encontrar en las montañas de Tora Bora), la infección es un riesgo muy alto, se puede sobrevivir solo unos días o una semana a lo más".

La enfermedad de Osama era tan grave que, según fue dado a conocer el 31 de octubre de 2001 en la primera plana de Le Figaro, Bin Laden fue operado de riñón en julio de 2001, tan solo dos meses antes de los ataques contra las Torres Gemelas. Lo escandaloso es en dónde fue operado: en el hospital estadounidense de Dubai situado entre los puentes de Al-Garhoud y Al-Maktoum.

En una investigación realizada para Globalresearch, Michel Chossudovsky revela que, efectivamente, del 4 al 14 de julio, el multimillonario saudita Osama Bin Laden fue ingresado en la sección VIP de ese hospital por el doctor Terry Callaway. También encontró que Asia Week, publicado en Hong Kong, había expresado, desde marzo de 2000, sus preocupaciones por la salud de Bin Laden, describiendo un problema serio que podía poner en riesgo su vida "por una infección de riñón que se podría extender al hígado y que requiere tratamiento especializado".

Al hospital de Dubai, Osama llegó acompañado de su médico personal, Aymán Al-Zawahari, de cuatro guardaespaldas y de una enfermera argelina.

Ya en convalecencia, Osama recibió la visita del representante regional de la CIA, Larry Mitchel. Ese encuentro tuvo lugar el 12 de julio. También fue visitado por Turki al Faisal, jefe de la inteligencia saudí, quien coordinó la reunión entre Osama y la CIA.

Después de entrevistarse, y al día siguiente de ser dado de alta, Osama volvió a Quetta y el director de la CIA viajó a Washington.

Las cintas de Osama Bin Laden posteriores a la transmitida el 7 de diciembre de 2001 son falsas o son grabaciones previas a su muerte. El laboratorio suizo Dalle Molle Institute para inteligencia artificial examinó la cinta transmitida en 2002 y concluyó, después de compararla con otras 20 cintas de Bin Laden, que la voz es de otra persona. Las conclusiones fueron dadas a conocer por el profesor Harve Boulard en el Canal 2 de Francia.

Sobre la cinta de octubre de 2004, como bien señala Welfare State, ni siquiera hace falta análisis de voz de laboratorio, pues el Bin Laden robótico que aparece en el video moviendo de arriba abajo su dedo derecho es notablemente más joven que el Bin Laden enfermo y viejo de diciembre de 2001. El nuevo Bin Laden tiene pelo negro, cara llena y aspecto saludable.

Con todo y que la enfermedad renal que padecía Osama Bin Laden es innegable, y con todo y que, por haber sido agente doble de la CIA, tenía derecho a ser atendido en cualquier hospital estadounidense, no se puede descartar lo aseverado por Benazir Bhutto, en el sentido de que el millonario saudita pudo haber sido ultimado por Omar Sheik. Los servicios secretos estadounidenses e israelíes comenzaron a estar nerviosos no solo por la salud del líder talibán, sino porque ya comenzaba a correr información de que los ataques contra las Torres Gemelas había sido, en realidad, un auto-golpe orquestado por la CIA, el MOSSAD y los ISI.

La declaración de Bhutto apareció inesperadamente en medio de una entrevista televisiva que le hacía el conductor David Frost. Éste le pregunta sobre una carta que ella envió al dictador pakistaní Parvez Musharraf pidiéndole que investigara quiénes planearon el atentado que acababa de sufrir y en el que murieron 158 personas. Mientras contestaba, Bhutto le dice que uno de los sospechosos era "una figura clave en la seguridad, un ex oficial militar que tiene relaciones, entre otros, con Omar Sheik, el hombre que asesinó a Osama Bin Laden".

Las piezas de ese rompecabezas podrían embonar. Sheik estaba libre a mediados de diciembre de 2001, cuando ocurrió la muerte de Bin Laden. Por otro lado, Sheik era un agente doble de los Inter Services Intelligence ISI (versión pakistaní de la CIA), y líder de Harkat-Ul-Mujahideen, asociado a los talibanes y a Bin Laden, por lo que tenía acceso directo a Osama.

Más aún, Omar Sheik, nacido en el Reino Unido en 1973 e incorporado a los servicios secretos ingleses MI6 fue la persona que, por órdenes de George Tenet, director general de la CIA, y del general Mahmood Ahman, director general de los ISI, transfirió $100,000 dólares, antes de los ataques del 11 de septiembre, a Mohammed Atta, jefe del comando secuestrador.

Sheik se entregó en 2002 a los ISI acusándose a sí mismo del asesinato de Daniel Pearl, reportero de Wall Street Journal que investigaba las relaciones entre la CIA, los ISI y los ataques a las Torres Gemelas. Los ISI entregaron a Sheik a la policía pakistaní. Antes de que concluyera el proceso, Musharraf pidió una sentencia de muerte, tratando de influir en la Corte. Hasta ahora no ha sido ejecutado, y su apelación se ha cancelado en 32 ocasiones.

Se ha querido descargar la culpabilidad de Omar Sheik porque otro agente, Khalid Sheikh Mohammed, preso en Guantánamo, también se acusó a sí mismo de matar al periodista. Sin embargo, sus declaraciones carecen de validez, toda vez que fueron arrancadas después de ser torturado por el gobierno estadounidense. Durante un mes, Sheikh fue sumergido 183 veces bajo el agua. El presidente Bush autorizó personalmente que fuera torturado.

También se ha querido culpar a Khalid Sheikh de ser el cerebro de los atentados del 11/S, siendo señalado como tal en los interrogatorios hechos a Abu Zubayda y a Abd Al-Rahim. Pero las cintas con esos interrogatorios fueron destruidas por la CIA en 2005, y queda en pie el hecho de la remoción de Mahmood Ahman como cabeza del ISI, a petición de los EE.UU., por haber dado las órdenes (omitieron la complicidad de George Tenet) a Omar Sheik, no a Khalid, de transferir dinero a Mohammed Atta para los operativos del 11/S.

Cabe mencionar que el director del ISI, Mahmood Ahman, se encontraba en Washington el 11 de septiembre, y que se entrevistó en los días previos con George Tenet, con Mark Grossman, secretario de Estado para los Asuntos Políticos. En el momento en que sucedieron los atentados estaba reunido con el senador Bob Graham y con Porter Goss, quien sustituiría posteriormente a Tenet al frente de la CIA. Después de los ataques del 11/S serían Graham y Goss quienes se encargarían de las investigaciones.

Es posible que el periodista Daniel Pearl haya llegado a descubrir la estructura paralela a los ISI y a la CIA que operó los atentados en Nueva York. También es posible que haya sabido de la muerte (¿homicidio?) de Osama. Es sintomático que Pearl haya sido asesinado dos meses después de la muerte del millonario saudita.

También es elocuente que Benazir Bhutto haya sido asesinada un mes después de declarar que Omar Sheikh había matado a Bin Laden.

Hoy se sabe que Al-Qaeda es una mera fabricación de propaganda para justificar el control global "antiterrorista", que Bin Laden era un agente doble de la CIA, y que, como declaró el ex ministro inglés Michael Meacher, el 11/S fue un "trabajo interno" de la inteligencia occidental.

Pero de todas formas surgen otras preguntas incómodas: ¿si Sheikh dio muerte a Bin Laden, podría esto explicar el que haya sido falsamente acusado del homicidio de Daniel Pearl? ¿Acaso para callarlo? ¿Si tienen aun vivo a Sheik es por sus relaciones con los ISI? ¿Cuánto sabe el gobierno de los EE.UU. sobre el asesinato de Pearl? ¿Por qué los EE.UU. no han pedido a Pakistán que les permita interrogar a Omar Sheikh? ¿Qué tan interrelacionados están la CIA y los ISI? ¿Por qué los EE.UU. pidieron a Pakistán simplemente la destitución de Mahmood Ahman de la dirección de los ISI, por haber dado la orden de transferir dinero para los operativos del 11/S, y no pidieron que fuera interrogado? ¿Por qué los ISI y la CIA daban apoyo a Bin Laden, a Mohammed Atta y a Omar Sheik? Y, lo más importante, ¿por qué los EE.UU. quieren que sigamos pensando que Osama está vivo? ¿A dónde nos quieren llevar con esa mentira?

ARGENPRESS. info- MARTES, 11 DE FEBRERO DE 2014

Francisco no tiene "la casa en orden" en el Vaticano

Emilio Marín (LA ARENA)

Se discute si hubo o no llamado del Papa a una reunión en Roma para tratar la "crisis social". Al margen de la veracidad de ese cónclave, luego desmentido, hay una certeza: Francisco está atareado. No puede decir "la casa vaticana está en orden".

El domingo se publicó en "La Nación" y "Perfil" una noticia que calzaba como anillo al dedo a los intereses políticos de quienes atacan al gobierno. Según esa información, el Papa había convocado a empresarios, sindicalistas y a algún ministro a llegarse hasta el Vaticano el 19 de marzo para debatir sobre la "crisis social". La idea, que rezumaba "diálogo y consensos", implicaba poner al Papa como árbitro de las cuestiones nacionales, cuestionando el rol de Cristina Fernández de Kirchner.

Según la versión, tal reunión había sido tramitada por Carlos Accaputo, allegado a Jorge Bergoglio, quien habría invitado a Daniel Funes de Rioja, vicepresidente de la UIA. En la lista estaban otros empresarios que luego irían a Ginebra a las deliberaciones de la OIT. Por eso también serían de la partida Gerardo Martínez (Uocra), representante del "movimiento obrero" ante la entidad y Carlos Tomada.

¿Habrá existido la idea de esa reunión política en dependencias vaticanas?

El Pontífice recibe a funcionarios y dirigentes de las más variadas militancias. En las últimas semanas lo hizo con Ricardo Lorenzetti, el ex canciller Jorge Taiana y otros dirigentes del Movimiento Evita, la CGT oficial, la cúpula sionista de la DAIA encabezada por Julio Schlosser, etc.

Claro, la diferencia con lo publicado por "La Nación" y "Perfil" era notable porque implicaba una intromisión papal en los asuntos internos. Era meterse en la interna de la oposición con tal de jaquear al gobierno. Y habría sido una enormidad que un político como Francisco no quiere cometer, al menos por ahora.

Una periodista del diario Crónica, Alicia Barrios, habló telefónicamente con su amigo personal Bergoglio y le preguntó por el supuesto cónclave. Del otro lado de la línea le dijeron que no, que era "un disparate". Que el 19 de marzo tenía agendado sólo una reunión con dos connacionales por el tema Educación.

De ese cabo se tomó Jorge Capitanich para dar por refutados a los medios que habían generado "esta mentira que involucra a la máxima figura de la Iglesia Católica". En principio hay que creer la desmentida. Habría sido mucho mejor que Francisco lo desmintiera personal y formalmente, en vez de usar de correo a una amiga, tratándose de un asunto tan grave...

Matices entre monopolios

Los que pusieron en circulación la especie podrida fueron "La Nación" y "Perfil", pero hubo matices entre ambos.

El primero, con la firma de Mariano Obarrio, le dio un enfoque netamente opositor, como si la nota la hubiera decidido en alguna oficina o diálogo con Mauricio Macri y Sergio Massa, o peor aún, con el titular de la Sociedad Rural. Un país en llamas, pronto a desplomarse como las paredes del depósito de Barracas, ante la inutilidad de la presidenta, requería la intervención del bombero Francisco. Tal la síntesis argumental de Obarrio.

En cambio, el artículo de Perfil, firmado por Emilia Delfino, se titulaba "El gobierno busca una 'bendición' del Papa Francisco para el acuerdo salarial". Afirmaba que en medio de la inflación e inminentes paritarias, la presidenta buscaba retrasarlas. Estaba necesitada del concurso de la CGT oficial, para lo cual buscaba involucrar también al Papa, para lo cual "el Ejecutivo colaba a Tomada" en esa reunión.

Las diferencias entre esos monopolios se evidenciaron más respecto a Clarín. Su especialista en temas religiosos y autor de un libro sobre Francisco, Sergio Rubin, aseguró ayer: "incluso, fuentes eclesiásticas negaron que el Papa le haya dado un mandato al titular de la Pastoral Social porteña, padre Carlos Accaputo, para que convocara a todos los sectores a la supuesta reunión del 19 de marzo, como consignaban los citados artículos publicados ayer".

Continuó Rubín: "más aún: Francisco suele recomendarle a todos los dirigentes que lo visitan que 'ayuden a Cristina' a fin de que pueda terminar su mandato en las mejores condiciones para bien de las instituciones y de todos los argentinos. Otra cosa, aclararon, es que se inmiscuya directamente y coordine un diálogo".

Desde una vereda opuesta, la nota dominical de Horacio Verbitsky en Página/12 ("Curva cerrada") alude a esa recomendación vaticana, aunque por supuesto la interpreta en tono crítico. "El debate instalado a partir de la insidiosa frase que el Papa Francisco le transmitió a José Mendiguren para que la repitiera aquí ("hay que cuidar a Cristina", con todos los subtextos implícitos que cada uno pueda agregarle), es puro artificio", escribió quien simpatiza con CFK y mantiene viejo enfrentamiento con Bergoglio.

En medio de la polémica por el supuesto "sínodo" de opositores y algunos oficialistas del 19 de marzo, con preeminencia de los primeros, lo bueno es que tal reunión no se hará y que los que la publicitaron tuvieron enfoques diferentes.

Vaticano en apuros

Además de las explicaciones mencionadas para dar por válida la desmentida, hay otras más consistentes. La tarea reformadora del Papa en "su casa" está lejos de haber concluido la etapa de los cimientos. El resto de la estructura, el nuevo mobiliario y personal de la Iglesia, no comenzó siquiera.

Hoy se cumple un año del singular aviso de Benedicto XVI de que le faltaban fuerzas para seguir piloteando a la Iglesia, lo que abrió un compás de espera hasta el 13 de marzo pasado, cuando fue ungido el primer pontífice latinoamericano.

Bergoglio realizó cambios cosméticos pero importantes: vestir más sencillamente, vivir en un departamento, salir y dialogar con los fieles. En suma, tuvo una política mucho más de masas que su antecesor alemán.

El cambió parte de las jerarquías. Por ejemplo sacó al ex secretario de Estado, Tarcisio Bertone, de la comisión de notables que trabajaba en el Banco del Vaticano. Ha sido una buena señal. Ahora, que eso signifique un saneamiento y moralización de una institución de dudosa credibilidad desde hace décadas, sólo gente muy devota podría creerlo. Ese banco no aguanta una inspección a fondo de las entidades europeas porque no respeta sus normas de calidad, que no son el summun de la decencia, como se vio allí y en EE.UU. a partir de la caída del Lehman Brothers. Los cambios de estilo son evidentes y en ese aspecto este Papa es mejor que los anteriores; tiene más sensibilidad social. De allí a decir que es "un Papa peronista", eso ya corre por cuenta de esa parcialidad.

En sus mensajes ha reiterado expresiones a favor de la paz, en dirección a la fraternidad para superar los dramas de la pobreza, pidiendo clemencia con los inmigrantes, etc. Por ahora son palabras y condolencias. El Vaticano no donó ninguna de sus grandes propiedades ni inversiones para atender una cuestión humanitaria en Haití, Siria o Irak.

Dudosa autocrítica

Benedicto XVI, después de años como titular de la Congregación para la Doctrina de la Fe en que encubrió a curas pederastas, ya como Pontífice había comenzado a tomar medidas contra los incursos en esos horribles delitos. Y esa línea autocrítica la hizo suya Bergoglio, quien en diciembre pasado formó una comisión con un obispo y mayoría de laicos, que debería asesorarle en la materia. En enero de 2013 el Vaticano debió comparecer en Ginebra ante el Comité para los Derechos del Niño, dependencia de Naciones Unidas, y responder a su interrogatorio. Se le reprochó que, tras violaciones de niños, los sacerdotes no eran castigados ni dados de baja sino trasladados. Y en otras diócesis seguían cometiendo las aberraciones con el plus de impunidad de la falta de información en esos nuevos destinos.

Fue inédito que la Iglesia debiera comparecer ante la ONU, tal el nivel de impunidad de la sacrosanta institución. Estaba por sobre el bien y el mal. Intocable. Ese Comité dio a conocer su informe. "Feroz crítica de la ONU al Vaticano por no ir a fondo contra los abusos", tituló "La Nación" el 6 de febrero pasado, en nota de Elisabetta Piqué. A lo largo de 16 páginas, el Comité denunció el "código del silencio" que imperó en la Iglesia para encubrir miles de abusos de menores por tipos de la curia. Exigió removerlos de inmediato y entregarlos a la policía, y dar de baja a los encubridores.

Se dirá que Francisco había cuestionado la pedofilia. Tan cierto como que ahora la ONU le marcó la cancha y la Iglesia se quejó de que eso sería una arbitrariedad y una injusticia.

El delegado del Vaticano ante Ginebra, monseñor Silvano Tomasi, cuestionó que el informe "fue realizado bajo la influencia de lobbies que tienen intereses sobre la homosexualidad, el matrimonio gay y otras cuestiones". Tomasi minimizó la responsabilidad de la Iglesia, al comparar los 40 millones de casos de abusos de niños en el mundo con algunos miles "en proporciones muy reducidas, que tienen que ver con personas de la iglesia". La iglesia dogmática se opone al aborto, al matrimonio igualitario y la homosexualidad, no permite comulgar a los divorciados vueltos a casar, no flexibiliza el celibato y mantiene a la mujer en un lugar secundario. Y cuando alguien le marca sus defectos, lo rechaza. ¿Qué dice Francisco del documento de la ONU? Por ahora, cric cric, cric cric.

ARGENPRESS.INFO

MARTES, 11 DEFEBRERO DE 2014

Los diez descubrimientos científicos más importantes en Rusia de los últimos 20 años
RIA NOVOSTI

Se suele pensar que la desaparición de la URSS sumió a la ciencia rusa en una profunda crisis. Entretanto, en la década de los 1990 y después algunas conquistas de la ciencia rusa tienen importancia global.

Con motivo del Día de la Ciencia Rusa, que se celebró el pasado 8 de febrero, RIA Novosti llevó a cabo un sondeo entre expertos y elaboró una lista de los descubrimientos más importantes hechos por los científicos rusos en los últimos 20 años. Aunque no pretende ser exhaustiva, la lista permite hacer una idea del panorama científico postsoviético.

Elementos transuránicos

Los físicos rusos del Instituto de Investigación Nuclear en Dubná consiguieron entre 2000 y 2010 producir por primera vez los seis elementos más pesados de la tabla periódica de Mendeléyev, con números atómicos del 113 al 118.

Dos de ellos ya son reconocidos por la Unión Internacional de Química Pura y Aplicada (IUPAC, por sus siglas en inglés) y recibieron los nombres de Flerovio (114) y de Livermorio (116). Actualmente, la IUPAC está estudiando las solicitudes de reconocimiento de otros cuatro (113, 115, 117 y 118).

"Es posible que uno de los nuevos elementos sea denominado "moscovio", dijo el vicedirector del laboratorio, Andréi Popeko.

Láser ultra intenso

Los científicos rusos desarrollaron una tecnología para construir el láser más intenso del mundo. En 2006 en el Instituto de Física Aplicada de Nizhni Nóvgorod (al este de Moscú) fue construido el láser PEARL (Petawatt Parametric Laser), basado en la técnica de amplificación paramétrica óptica. El PEARL alcanza potencias del orden de 0,56 petavatios, lo que supera cientos de veces la potencia de todas las centrales eléctricas del planeta.

El equipo de investigación planea aumentar la potencia del láser hasta 10 petavatios. Al mismo tiempo se prevé iniciar el proyecto XCELS, que consiste en construir un láser de hasta 200 petavatios. Y más adelante, hasta un exavatio.

Cuando un pulso ultra intenso se aplica sobre un blanco se genera radiación electromagnética muy intensa. En gran medida, es esta característica como fuente de radiación, junto a su habilidad de acelerar partículas cargadas lo que ha hecho que estos tipos de láser ultra intenso tengan ahora y en el futuro un gran número de aplicaciones que los convertirá en una herramienta indispensable en muchos ámbitos.

Campos magnéticos ultra potentes

El grupo de investigación de Alexandr Pavlovski del Centro Nuclear de Sarov (a unos 460 kilómetros al este de Moscú) desarrolló a principios de los noventa una tecnología que permite crear campos magnéticos ultra potentes. Usando unos generadores magnetocumulativos batieron la marca del campo magnético más poderoso del mundo al alcanzar los 28 megagauss, un valor que supera millones de veces el campo magnético terrestre. En estos campos magnéticos se puede estudiar el comportamiento de la materia en condiciones extremas, en particular, el de los superconductores.

Petróleo y gas son recursos renovables

Los medios y los ecólogos nos recuerdan que las reservas de petróleo y gas se agotarán dentro de unos 100 años, lo cual podría conducir al colapso de la civilización moderna. Sin embargo, los científicos de la moscovita Universidad de Petróleo y Gas Iván Gubkin aseguran que no es así.

Mediante experimentos y cálculos teóricos demostraron que el petróleo y el gas pueden formarse no sólo a partir de sustancias orgánicas, según afirma la teoría convencional, sino también de forma abiógena (inorgánica). Constataron que en el manto superior de la Tierra, a unos 100-150 kilómetros de profundidad, existen condiciones para la formación de hidrocarburos complejos.

"Esto nos permite calificar, por lo menos, el gas natural como un recurso energético renovable e inagotable", dijo Vladimir Kúcherov, de la Universidad Iván Gubkin.

Lago Vostok

Uno de los más importantes descubrimientos geográficos, el del lago subglacial Vostok en la Antártida, es mérito de los científicos rusos.

En 1996, estudiosos rusos y británicos ratificaron la existencia del lago mediante observaciones aéreas de radar y a través de altimetría de radar desde el espacio.

Los científicos rusos perforaron el hielo para alcanzar la superficie del lago y en 2012 lograron extraer las primeras muestras del agua más pura y antigua del planeta, que proporcionó valiosísima información sobre los cambios naturales del clima en el último medio millón de años. El estudio de las muestras de agua, con un tiempo de residencia medio de un millón de años, ya permitió descubrir bacterias absolutamente desconocidas, lo cual refuerza los argumentos a favor de la presencia de vida en entornos parecidos fuera de la Tierra, como en Europa (una luna de Júpiter).

Los mamuts, contemporáneos de los griegos antiguos

Los mamuts no se extinguieron en la Edad de Piedra, como se pensaba antes, sino que llegaron a coexistir en el tiempo con la civilización de Creta.

En 1993, el investigador ruso Serguéi Vartanián y sus colegas descubrieron restos de mamuts enanos, cuya altura no supera los 1,8 metros, en la isla de Wrangel, en Siberia, donde por lo visto una pequeña población sobrevivió a sus parientes en el continente.

El análisis por radiocarbono realizado con la participación de expertos de la Universidad de San Petersburgo (Rusia) puso de manifiesto que los mamuts habitaron la isla hasta el año 2.000 antes de Cristo. Anteriormente se creía que los últimos mamuts vivieron en la Península de Taimir, en Siberia, hace 10.000 años.

Nueva especie humana

Los trabajos de los arqueólogos siberianos bajo la dirección de Anatoli Derevianko permitieron concluir que, antes de los Homo sapiens, en Siberia habitaba un pueblo prehistórico anteriormente desconocido. A esta conclusión se llegó después de realizar una investigación exhaustiva del genoma completo contenido en el hueso de la falange y una muela encontradas en la caverna de Denísova, situada junto a las montañas de Altai, en la parte asiática de Rusia. Según los datos del estudio, este tipo de hombres, bautizado el homínido de Denísova, vivió hace cerca de 40.000 años y era de la misma familia que los neandertales.

Metano y agua en Marte

Aunque en los años que transcurrieron desde la desintegración de la URSS (1991) Rusia no pudo organizar ninguna misión interplanetaria independiente, los instrumentos rusos a bordo de los aparatos estadounidenses y europeos y las observaciones desde la Tierra proporcionaron datos únicos sobre otros planetas. En 1999, el equipo de investigación de Vladímir

Krasnopolski (Instituto Físico-Técnico de Moscú), que utilizó para su descubrimiento los telescopios CFHT (Canada France Hawaii Telescope), registró por primera indicios de metano en la atmósfera de Marte. Esta noticia tuvo una gran resonancia, ya que en la Tierra el metano es producido por la actividad metabólica de los organismos vivos. La presencia de metano fue confirmada posteriormente con mediciones de la sonda europea Mars Express. Aunque el explorador Curiosity de la NASA no ha detectado metano en la superficie del planeta rojo, los científicos siguen con la búsqueda.

Otro instrumento ruso, el HAND (del proyecto Mars Odyssey), diseñado por el grupo de Ígor Mitrofánov, director del laboratorio del Instituto de Investigaciones Espaciales de la Academia de Ciencias de Rusia, permitió constatar por primera vez que los polos de Marte guardan bajo la superficie una gran cantidad de agua en forma de hielo.

Mitología al servicio de la historia

Los estudios genéticos de los últimos años permitieron a los científicos obtener nuevos datos sobre las migraciones de los pueblos en la Tierra. El historiador y antropólogo ruso, Yuri Beriozkin, afirma que el estudio de los textos mitológicos y folclóricos aporta resultados no menos impresionantes al respecto.
Beriozkin empezó sus estudios de la cultura de los aborígenes de Siberia y América aplicando el método de la mitología comparada. Más tarde los completó con los datos de las culturas de casi todos los pueblos del mundo creando un gran esquema de la expansión de la humanidad. Demostró que existen coincidencias entre los contenidos

mitológicos en determinadas áreas que corresponden a las migraciones humanas prehistóricas, lo cual se confirma con los datos arqueológicos y genéticos.

"De esta manera, obtenemos, por primera vez en la historia de la ciencia, un mecanismo que permite datar con cierta precisión la existencia de contenidos folclóricos. Esto resuelve una serie de problemas centrales de esta materia de estudio", dijo Serguéi Nekliúdov de la Universidad Estatal Humanitaria de Rusia.

Problema del milenio

El matemático ruso Grigori Perelmán logró en 2002 resolver la famosa conjetura de Poincaré, propuesta en 1904 y considerada una de las hipótesis matemáticas más importantes y difíciles de demostrar. El teorema sostiene que cualquier objeto tridimensional sin agujeros es topológicamente equivalente a una esfera.

Incluida por el Instituto de Matemáticas Clay entre los siete "problemas del milenio", la hipótesis se convirtió en teorema gracias a Perelmán. Pero el científico se hizo famoso por rechazar un millón de dólares como premio a su logro de explicar por fin la enigmática conjetura de Poincaré.

NOTA DE LA AUTORA: Norma Estela Ferreyra

SIN EMBARGO el origen abiótico del petróleo formó parte de las Teorías llamadas "Conspirativas" durante mucho tiempo. (Hay quienes afirman que EEUU y Rusia lo sabían, pero la escasez del petróleo, les servía de excusa para las guerras, que eran su negocio)

El petróleo ¿es de origen orgánico o inorgánico?

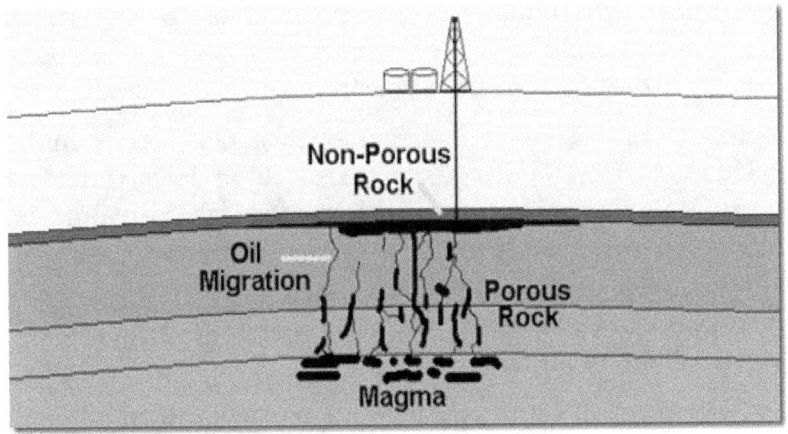

El debate sobre el origen del petróleo lleva produciéndose desde el siglo XIX. Entonces hubo quienes sostenían que el origen del petróleo se remontaba a los albores de la Tierra, o que era producido en procesos de química inorgánica en el manto terrestre. Otros en cambio, argumentaban que su origen venía de la descomposición de organismos vivos (principalmente plancton oceánico) que proliferaron hace millones de años, durante periodos relativamente cortos de calentamiento global, y que quedaron sepultadas en el lecho oceánico bajo capas de sedimentos.

Durante la segunda mitad del siglo XX, y debido a los avances en geofísica y geoquímica, la gran mayoría de los científicos se alinearon en el bando de la teoría biótica. Pero un pequeño grupo de científicos principalmente rusos junto a un puñado de científicos occidentales, entre ellos el físico Thomas Gold de la Universidad Cornell, han sostenido (y sostienen) la validez de la teoría abiótica. Según Gold, los hidrocarburos ya existían en el momento de la formación del sistema solar, y se sabe que son abundantes en otros planetas (Júpiter, Saturno, Urano, y algunas de sus lunas) donde se cree que no hubo vida en el pasado.

La teoría abiótica sostiene que hay depósitos casi ilimitados de hidrocarburos líquidos a gran profundidad en la Tierra. Estas bolsas periódicamente se filtran por las rocas porosas hasta alcanzar una capa no permeable donde se acumulan.

Mientras tanto, las compañías petroleras han venido utilizado la teoría biótica para la prospección de yacimientos de manera exitosa durante las últimas décadas. Si realmente el petróleo se generase en el manto y se filtrase hasta los yacimientos que son explotados, lo cierto es que en en contadas ocasiones se ha observado que vuelva a aparecer petróleo en un pozo ya seco.

Los defensores de la teoría abiótica sostienen también que compañías petroleras, utilizan una técnica incorrecta para realizar las prospecciones ignorando otros muchos sitios donde se producen las condensaciones de petróleo, y perdiendo así la opción de encontrar grandes yacimientos. Pero en realidad, la prospección mejor documentada siguiendo la teoría abiótica fue un sonado fracaso.

¿Petróleo en el núcleo?

Gold tenía razón: hay hidrocarburos en otros planetas, incluso en las profundidades del espacio. ¿Por qué no podría pasar lo mismo en la Tierra?

Esta es una pregunta complicada cuya respuesta es sólo parcialmente entendida. Se sabe que los planetas tienen hidrocarburos primordiales (en su mayoría en forma de metano, el más sencillo de los hidrocarburos). Hay ligeras evidencias de la existencia de hidrocarburos primordiales en los planetas rocosos internos (Mercurio, Venus, y Marte). En este último, posiblemente los hidrocarburos se volatilizaron y escaparon al espacio en los inicios del sistema solar. Ciertamente hay evidencias de la existencia de metano en las profundidades de la Tierra: son expulsados al exterior por la cordillera oceánica, presumiblemente ascendiendo desde el manto, aunque la cantidad es pequeña. Menor que la expulsada a la atmósfera por las flatulencias de las vacas.

Un reciente estudio del Departamento de Energía de Estados Unidos y el laboratorio Lawrence Livermore sugiere que pueden haber enormes depósitos de metano en el manto de la Tierra a 100 o 200 km. de profundidad. Pero hoy las compañías petroleras son capaces de perforar poco más de 10 km. No existen brocas que puedan soportar las condiciones de temperatura a esa profundidad.

Gold también promulgó la existencia de hidrocarburos líquidos a grandes profundidades. Pero hay un problema con esto: la temperatura a profundidades superiores a los 5 km es lo suficientemente alta como para romper los enlaces de los hidrocarburos. Tras esa ruptura solo queda metano, con un único átomo de Carbono. Los geólogos abióticos afirman la existencia de hidrocarburos en un rango de profundidades entre los 2.500 y los 5000 metros, donde las temperaturas permiten su formación, pero hasta donde sabemos, los estratos del manto no están estáticos y se mueven arriba y abajo a gran velocidad (en términos geológicos), por lo que las condiciones para su formación no se mantienen estables.

La teoría convencional de la formación del petróleo conecta el crudo con un proceso de sedimentación. Y de hecho, casi todo el petróleo que se ha descubierto en el siglo y medio pasados está asociado con rocas sedimentarias. En las capas rocosas que según la teoría de Gold y de los rusos son ideales para la acumulación de petróleo no se ha encontrado ni rastro de hidrocarburos. En contadas ocasiones, una pequeña cantidad de petróleo ha aparecido en rocas ígneas o metamórficas, pero invariablemente se ha encontrado después un gran depósito de crudo en las proximidades asociado a rocas sedimentarias. Ambos petróleos tenían los mismos bio marcadores (tienen el mismo origen), por lo que su presencia en las rocas ígneas o metamórficas se debió a filtraciones desde la bolsa original.

Hace años, Thomas Gold reconoció que la mejor prueba para defender la teoría abiótica sería taladrar la base rocosa de un yacimiento ya vacío para ver si allí había más petróleo. Logró convencer al gobierno de Suecia en 1988 para hacer el taladro. El agujero, que costó millones, solo ha producido 80 barriles. A pesar del fracaso comercial de esta extracción Gold lo utilizó para proclamar que su teoría era correcta, aunque la mayoría de los geólogos son escépticos y creen que el origen de esos 80 barriles de petróleo son las filtraciones del barro impregnado del yacimiento original.

¿Rellenado de yacimientos?

Los defensores de la teoría abiótica a menudo señalan que los yacimientos agotados se rellenan. El ejemplo más citado es Eugene Island, la punta de una montaña sumergida que se encuentra aproximadamente a 130 km de la costa de Luisiana. Esta es la historia tal como la relata Chris Bennett en su artículo sobre"¿Petróleo Sostenible?"

en WorldNetDaily.com:

Un depósito de petróleo crudo significativo fue descubierto a finales de los 60. En 1970 una plataforma de extracción llamada Eugene 330 producía cerca de 15.000 barriles diarios de petróleo crudo de alta calidad. A finales de los 80, la producción de la plataforma había caído a menos de 4.000 barriles por día, por lo que se consideró que el pozo estaba vacío. De repente, en 1990, la producción aumentó a 15.000 barriles diarios de nuevo, y las reservas, que había sido calculada en 60 millones de barriles en la década de los 70, se recalcularon a 400 millones de barriles. Curiosamente, la edad geológica medida del crudo nuevo era distinta a la del crudo de los años 70. Análisis de los registros sísmicos revelaron la presencia de una falla profunda en la base de la reserva Eugene Island por la que brotaba petróleo de origen desconocido.

El que brote petróleo de una fuente desconocida suena realmente bien, pero un análisis más profundo revela unas causas más prosaica: En el subsuelo había depositos de dos sedimentaciones distintas apiladas, y por la existencia de una falla en la base de la más alta se interconectaron.

Aunque es cierto que las reservas petroleras estimadas de Eugene han aumentado, los números no son extraordinarios. Los autores indican que "de 1978 a 1988, estas operaciones, actividades y factores naturales (incluyendo una mejor técnica de exploración y recuperación) han incrementado la capacidad de crudo recuperable de 225 millones de barriles a 307 millones barriles."

Biomarcadores

Las proclamas realizadas en nombre de la teoría abiótica son a menudo exageradas. J. F. Kenney de Gas Resources Corporations, Houston, Texas, que es uno de los pocos geólogos occidentales que apoyan la teoría abiótica, escribe:

Competentes físicos, químicos, ingenieros y científicos con conocimientos de termodinámica, sostienen desde el último cuarto del siglo XIX que el petróleo no se origina desde materiales biológicos.

Tras la lectura de esta frase, uno puede asumir que sólo unos seudo científicos trogloditas confundidos pueden afirmar que el petróleo se origina de materiales biológicos. Sin embargo, las compañías petrolíferas tienen en plantilla a miles de técnicos especializados en esas áreas que sí que abogan por un origen biológico, y ponen en práctica de manera empírica sus conocimientos en la prospección de yacimientos petrolíferos con éxito. Los experimentos de laboratorio han demostrado en repetidas ocasiones que el petróleo es de hecho producido a partir de la materia orgánica sometida a determinadas condiciones de presión y temperatura. En realidad, la situación es justo al revés de lo que dice Kenney: la mayoría de los geólogos asume que la hipótesis abiótica rusa, que es anterior a la teoría de tectónica de placas, es un anacronismo. Hoy sabemos que los movimientos tectónicos son capaces de "descolocar" los estratos rocosos, emplazando estratos sedimentarios más jóvenes (con depósitos de petróleo y de gas), debajo de capas rocosas más antiguas, dando la apariencia de que un yacimiento tiene su origen en el Precámbrico cuando en realidad no es así.

Los geólogos trazan la fuente del carbono de los hidrocarburos por su balance isotópico. El carbón natural es casi en su totalidad C-12, con un 1,11% de isótopo C-13. El material orgánico, sin embargo, normalmente tiene menos C-13 porque la fotosíntesis en las plantas tiene preferencia por el C-12. El petróleo y el gas natural presentan normalmente una proporción de C-12 / C-13 similar al de la materia orgánica, de la que proviene.

Además, el petróleo normalmente contiene biomarcadores porphyrins, termenos, pristane, phytane, cholestane y clorins que están relacionados con bioquímicos como la clorofílica y la hemoglobina. La huella química del petróleo delata si se ha formado, por ejemplo, de algas o de plancton.

Los teóricos de la hipótesis del petróleo abiótico justifican la presencia de bio marcadores químicos por la contaminación por bacterias que viven en las profundidades de la corteza terrestre. Sin embargo, las correspondencias observadas entre los marcadores biológicos y los materiales de base no son casuales, sino sistemáticos y predecibles sobre la base de la teoría biótica.

Conclusión

No hay ninguna manera concluyente de demostrar que no existe petróleo de origen abiótico. Sin embargo la afirmación de que todo el petróleo es de origen abiótico requiere de pruebas extraordinarias, ya que existen innumerables evidencias a favor de la teoría del origen biológico.

Referencias:

http://energybulletin.net/node/2423

INDICE

www.ingramcontent.com/pod-product-compliance
Lightning Source LLC
Chambersburg PA
CBHW062039280526
45788CB00003B/1040